LOS PRELIMINARES DE LA MEDITACIÓN

Gueshe Tamding Gyatso

Ediciones Amara

Publicado por vez primera en 2021 por Ediciones Amara

2021 © Por Isidro Gordi

2021 © Por Ediciones Amara

Traducción: © Isidro Gordi

Diseño de la portada: © Federica Mahieu

Maquetación © Clara Gispert

ISBN de la obra: 978–84–95094–75–9

Depósito Legal: 146/2021

Contenido

Prefacio del traductor

El Lam Rim es la síntesis de todas las enseñanzas que impartió el iluminado. Constituye un método accesible para poder practicar meditación y tener experiencias de las etapas del camino a la Iluminación (Lam Rim). El lector puede remitirse a los libros *Senda de Luz* y *Cambia tu corazón, transforma tu vida* para encontrar explicaciones extensas de dichas etapas.

Los Preliminares de la meditación aborda una de las partes más importantes del Lam Rim: los preliminares y todo lo que es necesario para empezar una meditación formal y tener éxito en ella. En este texto encontrarás un caudal de consejos orales para ayudarte a entender la función e importancia de dichas prácticas preliminares. Antes de empezar una meditación formal es de vital importancia acumular energía positiva, eliminar energía negativa y recibir inspiración de tu lama y tus deidades de meditación. Esto y mucho más es lo que aprenderás leyendo este libro.

Los Preliminares de la meditación es una recopilación de enseñanzas orales transmitidas en un curso extenso de "prácticas preliminares" que impartió mi Venerable Lama, Gueshe Tamding Gyatso, en la época en la que tuve la inmensa fortuna de ser su traductor (1987–1999) en la isla de Menorca. Gueshela basó sus instrucciones en la *Liberación en nuestras manos,* de Pabongka Rimpoché, en el *De Lam* (*Sendero alegre* o *Fácil*) , del primer Panchen Lama, Lobsang Choky Gyaltsen, y también extrajo algunos puntos del *Sendero rápido*, del segundo Panchen Lama.

Si el lector detecta algún error en esta exposición, se debe atribuir totalmente a mi falta de conocimientos.

Para acompañar sus enseñanzas hice, en aquella época, la traducción al castellano del manual para la práctica de los preliminares denominado, *Collar de los afortunados* (tib. *Jorcho*). Me basé en la primera copia existente en un idioma occidental según aparece en *Liberation in our Hands* publicado por *Mahayana sutra and tantra press,* y traducido del tibetano por Artemus Engle.

Un agradecimiento muy especial para mi esposa Marta Moll por su inmensa dedicación en todas las traducciones de los libros de Gueshe Tamding Gyatso. A Mikmar Tsering por ser el intérprete de Gueshela durante estas enseñanzas y a Fernando Hernández y Celia Gómez por su inestimable ayuda.

Isidro Gordi
Son Gall. Ciutadella de Menorca
Marzo 2020

Prefacio de Su Santidad el Dalai Lama

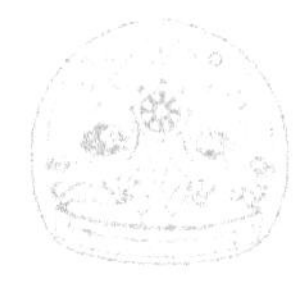

Es excelente para los españoles interesados en el budismo que se publiquen las enseñanzas impartidas por Gueshe Tamding Gyatso. Este libro proporcionará a mucha gente la oportunidad de saborear el néctar de la doctrina budista. Deseo a todos lo mejor y elevo mis plegarias para que alcancéis la felicidad temporal y última.

Cualidades de las enseñanzas del Lam Rim

Cualidades de las enseñanzas con el fin de generar fe y respeto hacia ellas

- Las tres características
- Las cuatro cualidades

Textos clásicos importantes como la *Guía* de Shantideva o el *Tantra de Guhyasamaja* carecen de las tres características y cuatro cualidades que sí poseen los textos de *Lam Rim*.

- LAS TRES CARACTERÍSTICAS

El Lam Rim es la condensación de todo el Budadharma.

Cada texto de *Lam Rim* contiene la esencia de la filosofía budista, tanto theravada como mahayana. Estudiar un Lam Rim te permite entender el significado de las ochenta y cuatro mil enseñanzas del Buda, incluyendo las tántricas[1].

Un famoso gueshe del monasterio de Sera, Tengpa Rabgye, tras estudiar durante más de veinte años los textos clásicos se dio cuenta de que la esencia de todos ellos se encontraba en el *Lam Rim*. En realidad, sin saberlo, había pasado todos estos años estudiando, contemplando y debatiendo sobre el *Lam Rim*[2]

---

[1] En este sentido, Lama Tsong Khapa en *Una carta al Lama Umapa de Dokam* señala lo siguiente:

Es muy claro que esta instrucción de Dipamkara Srijnana Atisha sobre las etapas del sendero a la Iluminación enseña todas las escrituras, sus comentarios, y las instrucciones relacionados con ellos combinándolas en un único sendero gradual. Uno puede darse cuenta de que, cuando lo enseña, escucha y practica una persona capacitada, ordena no solo las instrucciones menores sino todas las escrituras.

[2] Según muchas instrucciones orales, no es posible llegar a la Iluminación si faltan puntos esenciales. En este sentido, Pabongka usa el ejemplo de la medicina denominada "canfor veinticinco" para curar ciertas fiebres. Teóri-

El Lam Rim es fácil de practicar.

Es así porque el *Lam Rim* te ayuda a adiestrar la mente de manera gradual, según tu capacidad. Los sinsabores que experimentamos no los crea ninguna fuerza externa sino los tres venenos mentales: ignorancia, ira y apego. Estos campan a sus anchas en tu interior y son los responsables de todo tu malestar. El objetivo de practicar Dharma es adiestrar la mente para eliminar tanto estos tres venenos como los actos que producen.

El Lam Rim es superior a otras enseñanzas.

Nagarjuna y Asanga facilitaron la comprensión de todas las enseñanzas del Buda. Posteriormente, sus discípulos hicieron posible que este conocimiento llegase hasta ti a través de una transmisión ininterrumpida. El *Lam Rim* está adornado con las instrucciones de estos dos lamas[3].

- Las cuatro cualidades

No hay contradicción en las enseñanzas del Buda.

Si entiendes que no hay contradicción en la enseñanza de Buda sabrás que su propósito es ofrecer las prácticas que una persona ha de adoptar para obtener la Budeidad y así comprenderás que las enseñanzas —theravada, mahayana y tantrayana— no son contradictorias, y que su propósito es el de ayudarte a llegar a la Iluminación: algunas actúan como preliminares y otras como el sendero real.

Desafortunadamente algunas personas creen que las prácticas mahayana y las tántricas son excelentes pero que las theravada, no lo son tanto. Otras piensan a la inversa. También las hay que

---

camente tiene poder para curarlas y para ello no es necesario tomar grandes cantidades de cada uno de estos veinticinco ingredientes pero es vital no omitir ninguna de ellos. Sólo con una pequeña dosis de canfor veinticinco que las contiene todas es suficiente.

3 Para ilustrar este punto la estrofa tercera de la *Canción del Lam Rim* en *Senda de Luz* dice:

Rindo homenaje a los pilares de las dos joyas de los Continentes Meridionales, Nagarjuna y Asanga, famosos en los Tres Reinos. Con vuestros comentarios habéis explicado sin error lo más difícil de comprender, el Prajñaparamita, madre de los Budas

sostienen que la mejor escuela de las cuatro tibetanas es la guelu-gpa o la kagyupa, la nygma o la sakya. Pensamientos así indican que aún no se han entendido las cualidades del *Lam Rim*. Según los textos clásicos, estas actitudes causan renacer en reinos inferiores. Es natural que, en ocasiones, las personas no religiosas actúen mal, pero si alguien que, supuestamente sigue una religión actúa mal es muy grave. La enseñanza budista se debe usar para adiestrar la propia mente y detectar los defectos propios, nunca para detectar los defectos de los demás.

Tomaremos todas las enseñanzas como profundos consejos.

Si escuchas, contemplas y meditas en el *Lam Rim*, cuando recibas otras enseñanzas sabrás cuándo y cómo incorporarlas en tu práctica. De este modo todas ellas se convierten en una instrucción personal para adiestrar la mente. El *Lam Rim* contiene todo lo necesario para despertar renuncia, bodhichita y la sabiduría que comprende la vacuidad. Tener cien colchones, pero carecer de mantas o sábanas, no sirve de mucho, de la misma manera, hay muchos textos importantes, pero en muchas ocasiones sólo desarrollan algún punto y no todos ellos. Una vez entendidas estas dos cualidades estarás en disposición de incorporar la siguiente.

Entenderemos fácilmente la intención del Buda.

Al estudiar, contemplar y meditar en el *Lam Rim*, comprenderás que la intención última del Buda es ayudarte a despertar la renuncia, la bodhichita y la visión correcta de la vacuidad.

Todas las faltas cesarán automáticamente.

Cuando integres las tres cualidades previas, evitarás el peligro de caer en la peor de todas las faltas: el sectarismo. Nunca debes criticar a otras religiones ya que todas ellas benefician a millones de seres. Incluso reírte de ellas, es negativo.

Cómo escuchar y enseñar el Dharma

- La manera de escuchar el Dharma
- La manera de enseñar el Dharma

- La manera de hacer la dedicación, una práctica que es común al maestro y discípulo en la etapa de conclusión

- La manera de escuchar el Dharma

  - Contemplar los beneficios de escuchar el Dharma
  - Generar respeto hacia el Dharma y la persona que lo expone
  - La manera de escuchar el Dharma

Contemplar los beneficios de escuchar el Dharma

Si ves los beneficios de implicarse en un trabajo desarrollarás el esfuerzo necesario para completarlo; del mismo modo, si entiendes los beneficios de escuchar el Dharma, tratarás de hacerlo siempre que puedas. Según el famoso texto clásico *Tsom*:

–. Al escuchar se comprende el Dharma
–. Al escuchar se detiene la maldad
–. Al escuchar se abandona lo carente de sentido
–. Al escuchar se obtiene el Nirvana

Escuchar y estudiar el Dharma te permite saber lo que has de abandonar y adoptar. Si practicas una vida ética, te apartarás de lo negativo. "Se abandona lo carente de sentido" porque desarrollar concentración te aparta de distracciones. Adiestrarte en la sabiduría que comprende la vacuidad elimina aflicciones y te permitirá experimentar el Nirvana.

El *Jakatamala* dice:

Escuchar es una lámpara que elimina la oscuridad de la ignorancia Una riqueza suprema que ni ladrones ni nadie puede confiscar. Un arma que elimina el enemigo de la ignorancia Y el mejor consejero que enseña las formas adecuadas.

Un amigo estable incluso para quien cae en la desgracia. Una medicina suave para el dolor de la pena. Un ejército que tritura el poder de las faltas graves.

También es fama, gloria y el mejor de todos los tesoros. Cuando se encuentra con alguien noble, es un regalo excelente; en las reuniones, agrada a los sabios.

Estudiar el Dharma te proporciona una *lámpara* que te permite saber lo que es correcto; te proporciona buenos ojos para ver la realidad claramente. Escuchar el Dharma es *un amigo* incorruptible, alguien que no te dejará de lado cuando tengas problemas y que te ayudará en todo momento. Es como *una medicina* carente de contraindicaciones. *Las faltas graves* son todos tus problemas, físicos y mentales, y escuchar el Dharma te ayuda a superarlos. Quien escucha mucho el Dharma tendrá *fama*, y *el mejor de todos los tesoros*: la *preciosa riqueza* del conocimiento. El mejor *regalo* que se dan los sabios es intercambiar su conocimiento. El *Jakatamala* dice:

> Cuando se escucha mucho, la mente se vuelve pura, Se refuerza el deseo por la bondad, y se elimina la ignorancia al aumentar la sabiduría ¿No merece la pena comprarlo incluso con la propia carne?

En sus vidas previas, Buda Shakyamuni había ofrecido cientos de monedas de oro e incluso vendido su propia carne para escuchar el Dharma. Lo hizo así porque, cuanto más estudias mejor contemplas y meditas, recibiendo de este modo los frutos de tu meditación. Los maestros kadampa solían decir que del mismo modo que sin manos no se puede escalar una montaña; del mismo modo sin estudiar ni contemplar es imposible meditar.

Los monjes, en los grandes monasterios guelugpa pasan veinte años estudiando los Cinco Grandes Textos –*Pramana, Vinaya, Prajñaparamita, Abhidharma, Madhyamaka* o camino medio– para conocer profundamente el Dharma. Es el estudio más profundo. Un estudio medio sería abordar el *Lam Rim Extenso, La mente y sus funciones* o (Lo Rig), *Transformación de la mente* o Lo Jong, *Sutra del Corazón* y *Bodhisatvacaryavatara*. Y uno de nivel menor sería el estudio de textos como *Lam Rim rápido* y *Lam Rim alegre*.

Generar respeto hacia el Dharma y la persona que lo expone
El *Sutra de Ksitigarbha* dice:

Escucha el Dharma con fe y reverencia unipuntualizada. No lo desprecies ni menosprecies. Honra al maestro de Dharma considerándolo un buda.

En este contexto "Dharma" se refiere al *Lam Rim*. Respetar el Dharma y a quienes lo enseñan beneficia a quien lo hace; no a la persona respetada. Es así porque te facilita despertar las etapas del camino rápidamente. El mayor obstáculo para estudiar y obtener experiencias reales es el orgullo, pensar que uno sabe tanto o más que el lama. Si tienes esta actitud te resultará difícil aceptar lo que te enseña. Procura adoptar las siguientes actitudes cuando escuchas el Dharma:

1. Momento apropiado. Se han de pedir las enseñanzas al lama cuando tiene buena salud y tiempo para hacerlo. En una ocasión, Gueshe Potowa estaba ocupado preparando unos manuscritos, y un discípulo le pidió enseñanzas con insistencia, y repetidas veces. Enfurecido, Gueshe Potowa, le persiguió con un bastón.

2. Ser respetuoso. Implica ofrecer postraciones al lama y levantarse cuando entre en la sala de meditación.

3. Ser cortés. Has de ofrecer agua al lama cuando enseña y hacerle sentir cómodo.

4. No sentir enfado. No te sientas molesto cuando te da cosas para hacer, ni pienses que ya has hecho mucho por él/ella.

5. No busques faltas en el lama. Seguro que si las buscas las encontrarás, pero asegúrate de que sean realmente suyas.

Asanga en el *Bodhisatvabhumi* aconseja evitar pensar:

–. Que el lama ha roto su ética.
–. Que sea de clase social inferior
–. Que su apariencia física sea desagradable
–. Que no sea elocuente
–. Que tenga un tono de voz desagradable[4]

---

4 El *Bodhisatvabhumi* presenta estos cinco pensamientos en el contexto de cómo conducirse al escuchar el Dharma. Se dice que el buscar estas faltas es resultado de haber tomado la decisión de, realmente, no escuchar el Dharma. El mismo texto resalta lo siguiente:

La manera de escuchar el Dharma
- Abandonar las tres faltas
- Cultivar los seis reconocimientos

Abandonar las tres faltas

Las tres faltas se tienen que evitar siempre que escuches enseñanzas de Dharma:

Evitar ser como un recipiente bocabajo. No se puede verter nada en un vaso bocabajo. Del mismo modo, si el cuerpo está presente en la sala, pero la mente está distraída, la enseñanza no entrará en ti. Escucha el Dharma con atención total, tan absorto como un ciervo en el sonido de la flauta.

Evitar ser como un recipiente sucio. Si viertes néctar en un vaso sucio, el néctar se echa a perder. Igualmente, si escuchas el Dharma con la motivación de obtener beneficio solo en esta vida, ensuciará tu motivación. Intenta desarrollar la bodhichita artificial.

Evitar ser como un recipiente con un agujero. Un vaso con un agujero no puede retener el líquido que se vierta en él, y así mismo, si no retienes el Dharma, aunque estés libre de las dos faltas anteriores serás como un vaso agujereado. Para evitarlo, trata de memorizar los encabezamientos de la enseñanza, estudiarlo y discutirlo con otros amigos del Dharma.

"Escucha bien, de la mejor manera y retenlo todo en tu mente" es una cita que aparece en los *Sutras de la Perfección de la Sabiduría* y que el Buda solía recitar antes de enseñar para que la audiencia adoptase una buena actitud. "Escucha bien" te recuerda evitar ser como un vaso sucio; "de la mejor manera" te invita a abandonar la falta de que el vaso esté bocabajo, "retenlo todo en tu mente" te aconseja evitar ser como un vaso en el que hay un agujero.

"El bodhisatva debería evitar emitir estos cinco juicios y tener un gran respeto hacia el Dharma, ya que el Dharma nunca puede ser corrompido por las faltas de una persona. El bodhisatva de pequeño intelecto, que decide no escuchar el Dharma porque se siente molesto por las faltas de una persona (es decir, las faltas que se perciben en un potencial maestro de Dharma) ha de entender que sólo se perjudica a sí mismo y trae desgracias a su comprensión".

Cultivar los seis reconocimientos

Además de evitar las tres faltas has de despertar seis actitudes:

–. Reconocerse como una persona enferma.

–. Reconocer que el Dharma es el medicamento

–. Reconocer a quien nos imparte las instrucciones como a un médico

–. Reconocer que practicar constantemente el Dharma que se escucha elimina la enfermedad de las aflicciones

–. Reconocer que Buda Shakyamuni es un ser digno de confianza

–. Desarrollar el fuerte deseo de que el Dharma florezca y dure eternamente

Si te consideras como un enfermo, los reconocimientos restantes surgirán de manera natural. Ten en cuenta que, aunque probablemente no sufras físicamente sí lo haces mentalmente, que es mucho peor. Gueshe Kamaba decía:

> Sería un error meditar en algo falso, pero el hecho es que no nos percatamos de estar afligidos por la grave enfermedad crónica de los tres venenos.

Cuando observas algo que te agrada, despiertas el fuerte deseo de poseerlo y no separarte nunca de ello: padeces el sufrimiento producido por el apego. Cuando alguien te insulta, sientes un dolor profundo dentro: padeces la enfermedad del enfado o el odio. En ocasiones piensas, "Soy muy rico, muy inteligente": sufres la enfermedad del orgullo. Si estás descontento cuando la fortuna sonríe a los demás y te sientes apenado, padeces la enfermedad de la envidia. La única solución para dejar de padecer es estudiar, contemplar, meditar y practicar el Dharma. Shantideva dijo en el segundo capítulo de su *Guía*:

> Si asustado por una enfermedad común, acato confiado la prescripción de un médico cuánto más lo estaré si estoy perpetuamente enfermo de apego y otros engaños.

Ten en cuenta que la enfermedad crónica de tus engaños es mucho peor que cualquier otra enfermedad ya que, por su culpa, te ves sumido en el samsara vida tras vida. No podrás liberarte de dicha enfermedad hasta eliminar de raíz tus engaños. Alcanzar la Iluminación no ocurre por arte de magia, sólo la experimentarás cuando elimines tus aflicciones mentales y para ello es imprescindible escuchar las instrucciones del mejor de los médicos: Tu propio maestro o lama.

El maestro, el lama, es la causa sustancial de tus logros o experiencias espirituales, los textos de Dharma son la causa secundaria. No obstante, sin las bendiciones que emanan de tu buena actitud hacia tu lama o maestro, leer o estudiar un texto es como sembrar una semilla seca.

Una vez que el enfermo ha escuchado los consejos de su médico debe ingerir la medicina. Si deseas eliminar las aflicciones mentales has de ingerir la medicina del Dharma. Buda Shakyamuni no puede eliminar con sus propias manos tus engaños ni transferirte sus extraordinarias cualidades. Si un enfermo se administra la medicina sin consultar previamente con su médico, puede empeorar. Del mismo modo, si piensas que, en ausencia de un lama de carne y hueso, con solo leer las enseñanzas, podrás comprenderlas y obtener logros espirituales estás totalmente equivocado: por el contrario, tu actitud mental puede empeorar, y sólo lograrás una comprensión intelectual, no una experiencia de las escrituras. Para que tu práctica sea profunda y perfecta requiere la ayuda de un maestro cualificado y entregarte a él o ella de manera sincera. Igual que cuando un enfermo es tratado por un buen médico se siente feliz al verlo, ver a tu guía espiritual debe llenarte de felicidad. Todo lo que el guía espiritual enseñe, se debe practicar. En *Conjunto de cualidades parecidas a una joya* (Skt: *Ratnaguna Samcaya Gatha*) se dice:

> Una persona sabia con un fuerte deseo de obtener la Iluminación suprema debería conquistar su orgullo y, al igual que un enfermo se acerca al médico para recuperarse, honra incansablemente al maestro.

Si un enfermo no sigue los consejos de su médico ni ingiere la medicina prescrita, no sanará. Entonces no es necesario echar la culpa al médico o a la medicina. Del mismo modo, si no practicas y no hay cambios en tu interior, no es culpa del maestro ni del Dharma. La Iluminación depende especialmente del esfuerzo del estudiante, el lama sólo muestra el sendero. El *Sutra del rey de las concentraciones* señala:

> Si te enseño el Dharma más espléndido pero, tras escucharlo, no lo practicas bien eres como un paciente que sostiene una bolsa llena de medicina pero que, así, no puede curar su enfermedad.

En el quinto capítulo de la *Guía* se aconseja lo siguiente:

> Pondré esta forma de vida en práctica porque ¿qué se consigue hablando de ello? ¿Es beneficioso para un enfermo contentarse con leer la receta médica o estudiar textos de medicina?

El *Lam Rim Extenso* recuerda:

> Puesto que el término "constantemente" (en la frase "practicar el Dharma constantemente") también se relaciona con el objetivo de escuchar y después investigar el significado de la instrucción, es muy importante que a la actividad de escuchar la instrucción le siga la de poner en práctica su significado de la mejor manera posible.

Escuchar el Dharma tiene el propósito de que tú lo pongas en práctica. Si has escuchado muchas enseñanzas, pero no las pones en práctica, se vuelven inútiles. Una persona malvada se puede moldear y mejorar al escuchar enseñanzas, pero el hipócrita que escucha sin contemplar, ni meditar, ni ponerlo en práctica, no podrá mejorar; creerá que ya sabe demasiado. Si el *Lam Rim* no mejora a la persona ninguna otra práctica lo conseguirá.

Si no contemplas de manera correcta lo que escuchas extraerás una conclusión incorrecta de manera que, por mucho que medites, no habrá logro espiritual alguno. Muchas personas, después de haber asistido a un par de cursos de Dharma, ya se creen eruditos. Tomar la medicina sólo un par de días para curar una enfermedad crónica, no es suficiente: la medicina se debe ingerir durante largos periodos de tiempo.

Kuntang Japmelyang dijo "la practica debe ser fluida". Chandragomin en su *Versos de confesión* (Skt: *Desana Stava*):

¿De qué le sirve a un leproso con sus brazos y piernas deterioradas tomar medicina un par de veces cuando sin saberlo él ha nutrido su enfermedad durante largo tiempo?

Si escuchas muchas enseñanzas sin estudiarlas, contemplarlas y retirarse para meditar te puede convertir en lo que dijo el Buda en El *Sutra que anima a tener una actitud superior* (Skt: *Adhyasaya Samcodana Sutra*)

Como un actor de pie en medio de un teatro que proclama las virtudes de los demás héroes, la propia practica se volverá inferior. Estas son las faltas de deleitarse en la palabra.

Tal y como dijo el gran Dromtompa, un buen practicante es aquel que une las tres actividades siguientes:

Cuando escucho el Dharma, mejoro mi actividad de contemplar y meditar. Cuando contemplo el Dharma, mejoro mi actividad de escuchar y meditar. Cuando medito en el Dharma, mejoro mi actividad de escuchar y contemplar aplicando estas tres prácticas a cada tema. Y sabiendo cómo relacionar el Dharma al sendero soy un kadampa que evita tener una perspectiva estrecha.

Siempre que escuches o leas el *Lam Rim* determínate a poner en practica lo escuchado, tal y como hacía Chengawa. Chengawa era un monje y en una ocasión leyó en el *Vinaya* que un monje no debe usar asientos hechos de piel de animal, al verse sentado en uno, se desprendió de él inmediatamente. Más tarde leyó que, bajo ciertas circunstancias y en lugares remotos, se podría hacer una excepción. Salió inmediatamente de su choza y lo volvió a recoger.

Otra manera de interpretar este quinto reconocimiento es considerar a tus guías espirituales como budas.

En todo momento tienes que pensar que las instrucciones de Dharma van destinadas a ti y no a los demás. Si piensas que la instrucción es lo que conviene a tus enemigos o los demás, no cuajará en ti. Si ves tu rostro en un espejo y detectas suciedad, la limpiarás de inmediato. El objetivo de mirarte en el espejo es para poder asearte bien. El Dharma es un espejo espiritual. El *Jakatamala* se dice:

Viendo el feo reflejo de mi conducta en el espejo del Dharma.
Me siento muy molesto y ansío el Dharma.

Habitualmente, cuando escuchamos el Dharma, en un lado tenemos la enseñanza y en otro la mente. Pero solo recibiremos beneficio si las unimos, igual que el Príncipe Chandra pudo transformar al caníbal al unir su mente maligna con la estrofa del *Jakatamala*.

Muchos estudiantes buscan maestros diferentes y exóticos. Escuchar con esta actitud no produce beneficio alguno: estamos siempre esperando algo nuevo lo cual es una motivación errónea. Otros, en lugar de escuchar y practicar bien, analizan lo que dice el lama, para ver si éste comete algún error. Mientras se escucha, lo más importante es pensar: "Esto que explica es un consejo dirigido a mi".

Escuchar bien el Dharma es el inicio de toda experiencia espiritual. Según los lamas kadampa, si practicas Dharma en casa, con tu familia, es posible liberarse del samsara; si no practicas Dharma, aunque estés retirado en una cueva, no podrás tener experiencia alguna.

Se dice que cuando Gueshe Potowa enseñaba el Dharma, sus instrucciones eran siempre extremadamente beneficiosas para la audiencia. Contemporáneo suyo era un gran erudito llamado, Gueshe Choky Woser cuyas enseñanzas, aunque profundas y extensas no parecían tener el mismo efecto favorable en la mente de la audiencia. Cuando esto llegó a oídos de Gueshe Potowa, éste dijo: "El contenido de las enseñanzas de Gueshe Choky es más que excelente. La diferencia está en el modo de enseñar". Se le preguntó ¿cuál era esa diferencia? Y respondió: "Él enseña con el propósito de establecer el significado de las cosas; yo enseño con las flechas del Dharma apuntando hacia el interior"

Un tiempo después Gueshe Choky escucho estos comentarios e, intrigado, se acercó a unas enseñanzas de Gueshe Potowa. Se dio cuenta de que esas enseñanzas beneficiaban enormemente su mente y dijo: "No he aprendido nada nuevo que no supiera antes, pero he obtenido comprensiones que nunca había logrado antes". Esta es la actitud que deberíamos tener cuando escuchamos.

- La manera de enseñar el Dharma

  - Recordar los beneficios de enseñar el Dharma
  - Generar respeto hacia Buda Shakyamuni y su Dharma
  - La actitud y comportamiento necesarios para el que enseña
  - Saber a quién se debe dar la enseñanza y a quién no

Recordar los beneficios de enseñar el Dharma

Un maestro de Dharma ha de tener buena motivación y pensar que impartir enseñanzas es el mejor tipo de generosidad. Si el maestro enseña con el objetivo de ser famoso u obtener ganancias materiales, sus aflicciones se incrementarán. Chusang Yeshe Gyatso dijo:

> Al enseñar Dharma o dar una iniciación uno se ve a sí mismo como un sabio. Al temer no recibir ofrecimientos, uno se entristece profundamente.

Tesoro del conocimiento más elevado (Skt: *Abhidharmakosha*) dice lo siguiente:

> Dar Dharma es la enseñanza de los sutras y otras escrituras, hazlo correctamente y sin aflicciones.

Si enseñas el Dharma esperando recibir fama, alabanzas y riquezas, en lugar de acumular mérito creas causas para renacer en reinos inferiores. El lama debe impartir instrucciones movido por sentimientos de amor y compasión y enseñar solo lo que se encuentra en los sutras. Cuando se imparte el Dharma se acercan al lugar dioses, y el lama ha de pensar que también ellos reciben sus enseñanzas. Cuando Buda Shakyamuni impartió sus primeras enseñanzas, sólo asistieron cinco discípulos humanos, pero se dice que había en la audiencia ochenta y mil dioses. Por enseñar se obtienen veinte beneficios:

1. Mejora la atención
2. Sabiduría que surge al lograr la verdad última con la sabiduría que surge de la meditación

3. Comprensión que surge al lograr la verdad convencional que surge de la contemplación

4. Firmeza en estas sabidurías

5. Sabiduría mundana obtenida en los senderos de acumulación y preparación

6. Sabiduría supramundana obtenida en los senderos de la visión y meditación

7. El apego disminuye

8. El odio disminuye

9. La ignorancia disminuye

10. Lo maligno no te vencerá

11. Estarás cerca de budas

12. Estarás protegido por no humanos

13. Los dioses te ayudan a aumentar tu esplendor

14. Los enemigos no te podrán vencer

15. Los amigos permanecerán

16. Tu palabra tendrá valor

17. Obtendrás abnegación

18. La mente estará más cómoda y feliz

19. Los eruditos te alabarán

20. Tu acto de ofrecer el Dharma será recordado

Los sutras señalan que, si un monje transmite, aunque solo sea una línea de Dharma, acumula más mérito que un laico que ofrece riquezas materiales. Inspirar a los demás a practicar el Dharma te permite acumular gran cantidad de mérito. Aunque quien enseñe carezca de poder espiritual o elevadas compresiones experienciales, el Dharma es tan poderoso que atrae a los dioses de los tres reinos. Se dice que, del mismo modo que las moscas se acercan a la carne, los dioses se acercan a los lugares donde se imparten enseñanzas.

Generar respeto hacia Buda Shakyamuni y su Dharma

El lama ha de respetar a Buda y al Dharma. Cuando Buda Shakyamuni se dispuso a enseñar *Los Sutras de la Perfección de la Sabiduría* él mismo preparó su propio trono usando para ello quinientas vestimentas de monjes.[5]

La actitud y comportamiento necesarios para el que enseña

Quien enseña ha de seguir ciertas normas. No debe ser avaricioso, es decir, pensar que, si enseña lo que sabe, sus discípulos sabrán tanto como él mismo. No debe alabarse, jactándose de tener tal o cual experiencia espiritual, o cansarse de impartir enseñanzas. Tampoco debería proclamar las faltas ajenas movido por el odio o el apego. No debería ser perezoso para dar enseñanzas. Debe adoptar cinco actitudes particulares:

1. Reconocerse como un médico
2. Reconocer que el Dharma es el medicamento
3. Reconocer que Buda Shakyamuni es un ser digno de confianza
4. Desarrollar el fuerte deseo de que el Dharma florezca y dure eternamente
5. Considerar al que escucha como un enfermo

Un lama cualificado debe:

1. Presentarse ante la audiencia limpio y aseado
2. Sentarse en un trono
3. Explicar la enseñanza con analogías, lógica y citas para que se comprenda el significado
4. Mostrar simpatía.
5. Dar la enseñanza de manera sistemática, siguiendo los encabezamientos y sin mezclarlos.

No es bueno enseñar del modo en que se alimenta un anciano, dejando los trozos duros y sólo ingiriendo las partes blandas, es decir enseñar omitiendo las partes difíciles. Tampoco se debe hacer como un anciano que para andar pone su bastón aquí y allí

---

5 Cuando se da una sesión de enseñanzas formales, se empieza recitando el Sutra del Corazón y demás preliminares. Si quien enseña ha recibido el permiso para hacerlo de su propio lama, es preceptivo hacerlo desde un trono. Por supuesto, no para indicar la magnificencia o cualidades del enseñante sino las del Santo Dharma.

sin saber muy bien dónde hacerlo. Es decir, nunca se debería enseñar sin tener una comprensión excelente del tema en cuestión.

Sin embargo, se cuenta que Lama Longdol Rimpoché no tenía buen carácter y solía usar un bastón para golpear a los estudiantes perezosos.

Cuando el lama se dirige al lugar donde debe impartir su enseñanza ha de despertar la bodhichita; al llegar a la sala tiene que imaginar que el campo de mérito del *Lam Rim* está sobre su trono y, después de postrarse tres veces, sentarse en él. Debe imaginar que el campo de mérito se disuelve en su lama raíz y que éste se disuelve en él. Mientras enseña ha de recordar a su lama, la impermanencia, la transitoriedad de todos los fenómenos, para disipar el orgullo que pudiera surgir por sentarse en un trono. Seguidamente recita el *Sutra del Corazón* para eliminar las fuerzas malignas que puedan obstaculizar la enseñanza.

En Tíbet, Drukhang Gelek Gyatso estableció la costumbre de recitar el *Collar de los Afortunados*. En una ocasión, sus estudiantes se quejaron del tiempo que, según ellos, se perdía al hacer unos preparativos tan largos, pero Gelek Gyatso nunca cedió a los deseos de sus estudiantes ya que sabía que las prácticas preliminares eran vitales para tener experiencias del *Lam Rim*.

Algunos pueden pensar que recitar el *Collar de los Afortunados* no es meditación, pero es erróneo. Recitar de manera pausada y pensar en su significado es una meditación que transforma la mente, acumula mérito y permite purificar. Cuando se toma refugio antes de escuchar las enseñanzas, los discípulos deben recordar "los beneficios de escuchar" y el lama "los beneficios de enseñar". La audiencia, tradicionalmente ha de ofrecer un mandala al lama. Antes de dar la enseñanza el maestro tiene que pensar: "Doy esta enseñanza a todos los humanos, dioses y espíritus".

Saber a quién se debe dar la enseñanza y a quién no

Es el discípulo quien ha de interesarse por recibir la enseñanza[6]. Cuando un discípulo pide enseñanzas a un lama, éste se debe resistir, señalando que no las conoce muy bien. Según la tradi-

---

6En un caso así, en el *Sutra del rey de la Concentración* el Buda señaló:

ción kadampa si alguien sabe, debe pensar que no sabe nada, y si no sabe nada, definitivamente, debe confesarlo. Hay personas que, a pesar de no haber recibido transmisiones, ni estudiado tan siquiera un texto completo, pretenden impartir enseñanzas. Esta es una grave negatividad.

Si un lama sabe del potencial de un estudiante, si cree que una enseñanza particular le resultará beneficioso, debe impartirla, aunque el estudiante no se la pida. Para recibir la enseñanza, el discípulo no debe estar de pie o tumbado en el suelo.

• La manera de hacer la dedicación, práctica que es común al maestro y discípulo en la etapa de conclusión

Después de terminar la enseñanza, la audiencia no debe dejar la sala antes que la abandone el maestro ya que no es auspicioso para volverse a encontrar con lamas en el futuro. Al contrario, ha de quedarse en la sala pensando que le gustaría que la enseñanza se alargara.

El método para dirigir al estudiante por medio de la instrucción

• La manera de confiar en el maestro: la raíz del sendero espiritual

• Después de confiar en el maestro, las etapas para adiestrar la mente

Un tronco con una raíz fuerte dará hojas y frutos buenos. Tener experiencias espirituales perfectas depende de la manera en que te apoyes en tu lama o maestro.

• La manera de confiar en el maestro: la raíz del sendero

• Qué hacer durante la sesión de meditación

• Qué hacer después de la meditación

En primer lugar, habla así: "No he estudiado extensamente" O podrías decir lo siguiente: "Cómo podría enseñar a un gran ser como tú, que eres sabio y erudito"

La vida de un buen practicante se divide en dos partes: la sesión de meditación y el periodo posterior a la meditación. Si, después de meditar, pone en práctica lo que aprende en meditación, su vida se vuelve significativa.

Qué hacer durante la sesión de meditación

- Actividades preliminares
- Práctica principal
- Conclusión

El contenido de este libro conforma la primera división, actividades preliminares, las otras dos divisiones las puedes encontrar en mi libro *Senda de luz*.

- Actividades preliminares

Si deseas comer un plato delicioso tienes que disponer de todos los ingredientes a tu abasto: verduras frescas, cazos adecuados, agua, sal, aceite, y una cocina. Del mismo modo, que la práctica meditativa sea o no fructífera depende de las prácticas preliminares cuyo propósito es acumular mérito, purificar negatividades y recibir bendiciones.

Las seis prácticas preliminares son las siguientes y se explicarán dentro del contexto de la famosa práctica del *Collar de los afortunados*, (tib: *Jorcho*)

1. Limpiar la sala de meditación, poner sobre el altar representaciones del cuerpo, palabra y mente del Buda.

2. Hacer ofrecimientos, colocándolos de la manera más bella y sin ningún tipo de pensamiento negativo.

3. Sentarse cómodamente en la posición de Vairochana caracterizada por los siete puntos, recitar las oraciones de refugio, bodhichita y los cuatro inconmensurables.

4. Visualizar el campo de mérito.

5. Ofrecer la oración de las siete ramas y el mandala para acumular mérito y sabiduría.

6. Oraciones de súplica para recibir bendiciones.

Primera Práctica Preliminar

Limpiar la sala de meditación, poner sobre el altar representaciones del cuerpo, palabra y mente del Buda

Si invitas a tus amigos a visitar tu hogar, antes de que lleguen, llevarás a cabo una limpieza general de tu casa para que sea lo más agradable posible. Del mismo modo, antes de meditar, limpias tu sala de meditación porque van a venir a visitarte unos invitados muy especiales: los budas, los bodhisatvas, yidams, y otros seres especiales. La fuente escritural de esta práctica se encuentra en un sutra que dice "El bodhisatva se sienta con las piernas cruzadas en un lugar limpio...".

Limpiar la sala de meditación con una motivación correcta se transforma en una potente actividad de Dharma. Mientras limpias la habitación piensa que el polvo representa tus aflicciones o engaños mentales, la escoba es la sabiduría que comprende la vacuidad, gracias a la cual eliminas la suciedad que ellas producen. Puedes recitar también "abandona el polvo abandona la suciedad" e imagina que el polvo es todas tus aflicciones. Concluye pensando que, tanto tú como los demás, os habéis desprendido de todas ellas. De este modo, siempre que limpies tu casa, estarás meditando. Arya Lam Chung obtuvo la liberación limpiando la sala tal y como se explica en el libro *Senda de luz*. Se dice que los beneficios de limpiar con esta motivación son cinco:

1. La mente se vuelve clara
2. La mente de los que entran en tu habitación se vuelve clara
3. Creas la causa para renacer con una forma hermosa
4. Creas la causa para renacer en un lugar puro
5. Los dioses se alegran de tu actividad

"Dioses" en este contexto alude a aquellos dioses o diosas del lado blanco que te protegen de las fuerzas negativas. Al nacer tienes en ti una fuerza positiva y una de negativa. Siempre que haces alguna buena actividad, la fuerza positiva o dios del lado blanco se refuerza, y cuando haces algo mal, la fuerza negativa se refuerza. Todos los dioses buenos te protegen de los actos negativos y te ayudan a hacer actos positivos. Al limpiar, la propia fuerza positiva te ayuda a acumular buenos actos y mérito para ver realizados tus deseos.

Las escrituras señalan que el beneficio temporal de limpiar con la actitud descrita es renacer en reinos celestiales y que el beneficio último es conseguir la perfección denominada "purificación" en la que creas tu propia Tierra Pura;[7] "Tierra Pura" no es un lugar físico específico, sino que, al llegar al décimo nivel, el bodhisatva crea su Tierra Pura particular.

El manual de recitación o sadhana se llama *Un Collar para los afortunados* (tib: *Jorcho*) y suele recitarse en los monasterios de la tradición guelugpa a diario. El resto del libro es un comentario a esta sadhana o manual tan importante. *Un Collar para los afortunados* empieza con estas palabras:

Un Collar para los Afortunados

Recitación especial para llevar a cabo las prácticas preliminares según Sendero rápido *y una explícita instrucción de las etapas del sendero a la Iluminación.*
Me refugio y rindo homenaje postrado a los pies de mi Gurú, cuya naturaleza es inseparable de Munendra Vajradhara. Que me apoye con su gran amor bondadoso.

---

7 En Una revisión a la Perfección de la Sabiduría, un comentario que se usa en el monasterio de Sera Me a *Ornamento de las comprensiones experienciales claras* (Skt: *Abhisamayalamkara*), "purificación" alude a las prácticas necesarias para crear una Tierra Pura o Tierra de un ser iluminado y se refiere a la acumulación de la virtud necesaria para producir dos tipos de localizaciones: el lugar en el que el cuerpo de emanación de un buda muestra la apariencia de la obtención de la Budeidad; y la tierra pura extraordinaria de un buda donde un gran bodhisatva consigue la Budeidad.

He compuesto una recitación adecuada para llevar a cabo las seis prácticas preliminares, según instrucciones del gran Gyalwa Ensapa. Se debería recitar antes de meditar en las etapas del sendero a la Iluminación.

La primera de estas seis prácticas es limpiar la sala de meditación y colocar en el altar representaciones del cuerpo, palabra y mente del Gurú y las Tres Joyas. La segunda es disponer los ofrecimientos de manera atractiva. La tercera es sentarse en un cojín cómodo mientras se adopta la postura de siete puntos de Vairochana. Seguidamente y con una mente extraordinariamente virtuosa, toma refugio y genera la bodhichita.

Segunda práctica preliminar

Hacer ofrecimientos puros, colocándolos de la manera más bella y sin ningún tipo de pensamiento negativo

Una vez que has limpiado la sala de meditación, coloca representaciones de las Tres Joyas en un lugar elevado, a la altura de tu cabeza y dispuestas según señalan las escrituras: maestros, deidades, budas, bodhisatvas, dakas, dakinis[8], oyentes, realizadores solitarios y protectores. No pienses en ningún momento en el valor material de tu estupa o de una estatua; si no las respetas porque están hechas de materiales poco valiosos o porque son viejas disminuye tu mérito.

Un budista debería poseer, como mínimo, una estatua de Buda para recordar su amabilidad. Como señal de respeto a tus lamas, un practicante guelugpa suele tener una estatua de Tsong Khapa. Si se trata de un seguidor kagyu, ñyngma o sakya deberían tener, respectivamente, una estatua de Marpa o Milarepa, de Gurú Rimpoché o de Sakya Pandita. Como representación del Dharma es conveniente tener un texto del *Sutra de la Perfección de la Sabiduría,* del *Sutra del Corazón* o del *Lam Rim* y considerar que se trata de las experiencias que surgen de la práctica del Dharma. Como representación de la mente del Buda se suele colocar una estupa, o un vajra y una campana. Es muy importante acostumbrarse a observar estos objetos simbólicos como si se tratase de las Tres Joyas auténticas y hacer sadhanas y postraciones delante de ellos. Se dice que es dieciséis veces más poderoso considerar las representaciones del Buda como si fuesen un buda real que encontrarse con un buda de carne y hueso. El *Sutra del Loto del Santo Dharma* señala:

---

8 Dakas y dakinis alude a bodhisatvas o budas tántricos que han logrado el nivel de la luz clara del significado.

Aquellos que observan con una mente alterada figuras del Sugata dibujadas en la pared, con el tiempo se encontrarán con diez millones de budas.

Si esto sucede cuando los observas con una actitud negativa, imagina la energía positiva y mérito que consigues al hacerlo con un estado virtuoso como la fe. Adiestrarse en considerar las estatuas e imágenes como si fuesen un buda siembre semillas para que en el sendero de acumulación puedas percibir el cuerpo de emanación de un buda.

"Ofrecimientos puros" tiene un profundo significado. Lo que sea que ofrezcas debe provenir de una buena motivación y haberlo obtenido de modo adecuado. Se hacen ofrecimientos para "satisfacer" a los seres santos, pero si lo que ofreces se ha obtenido por medios inadecuados, no se sentirán satisfechos en absoluto.

Un ofrecimiento que no es puro es aquel que se ha adquirido mediante cinco formas de vida errónea: Adular, intimidar, dar para recibir, usar la fuerza, usar un comportamiento bueno.

Adular es, por ejemplo, hablar bien a alguien con la esperanza de que te dé algo a cambio. No obstante, si no tienes esta intención y hablas bien a alguien con sinceridad y te ofrece algo, no incurrirías en falta alguna. *Intimidar* es obtener algo por un medio sutil o indirecto. Por ejemplo, cuando le dices a tu benefactor: "El año pasado me regalaste un buen té y ahora se me ha terminado". *Dar para recibir* ocurre cuando das un regalo pequeño esperando recibir uno mayor. *Usar la fuerza* es coger a la fuerza una cosa para ofrecerla. *Usar un comportamiento bueno* ocurre cuando, a pesar de no tener la costumbre de levantarte temprano para meditar, así lo haces en casa de tu benefactor con el objetivo de recibir ofrecimientos.

Se ha de señalar que, si en alguna ocasión hubieses obtenido ofrecimientos para las Tres Joyas a través de una de estas cinco y los ofrecieses con el objetivo de purificar, no incurrirías en falta alguna.

Una persona adinerada debería ofrecer cosas de la mejor calidad. Quien no tiene mucho, puede ofrecer a través de la imaginación. En la *Guía*, Shantideva dice:

Entrego estos ofrecimientos creados en mi mente a los seres supremos, los budas, y a sus hijos. ¡Oh compasivos! Tened la bondad de aceptar mis ofrecimientos.

¡Oh Protectores, vosotros que tanto ayudáis a los demás aceptadlos para mi beneficio. Puesto que carezco de méritos, soy pobre y nada tengo que ofrecer.

Recuerda en todo momento que no haces ofrecimiento para beneficiar a las Tres Joyas o a tus maestros, sino para que tú mismo recibas beneficios en forma de mérito. "La falta de la motivación" se refiere a hacer ofrecimientos movidos por los ocho dharmas mundanos, es decir hacerlos para que hablen bien de ti, para recibir cosas, etc.

En una ocasión Gueshe Ben recibió la noticia en su cueva de meditación de que su benefactor iba a ir a visitarle. De inmediato, empezó a limpiar su cueva y el altar para poner algunos preciosos ofrecimientos a las Tres Joyas. Después se sentó a examinar su motivación. Al darse cuenta de que había hecho toda esa labor solo para impresionar al ilustre visitante, de inmediato se levantó y lanzó sobre el altar y los ofrecimientos un montón de polvo y arena. Y se dijo a sí mismo: "Monje, no te engañes a ti mismo". Se dice que en ese mismo momento Padampa Sangye se percató del suceso y dijo deleitado: "El ofrecimiento de Gueshe Ben es el mejor que se ha hecho en Tíbet occidental ¿Por qué? Porque acaba de lanzar el polvo y la arena al rostro de los ocho dharmas mundanos".

Puedes ofrecer todo aquello que te guste: música, comida, belleza, ropas, joyas y paisajes. No es adecuado ofrecer a través de intermediarios. A pesar de que Atisha era muy anciano y su cuerpo muy tembloroso, cada día vertía el agua en sus boles de ofrecimiento y no permitía que sus discípulos la ofrecieran por él.

En la práctica tántrica se suele ofrecer: agua para la boca, agua para los pies, flores y luz para los ojos, incienso para la nariz, comida para la boca y música para los oídos. Los recipientes se tienen que disponer de manera bella y ordenada y llenas los boles repitiendo el mantra *om ah hum.*

Tsong Khapa solía recordar a sus discípulos que, al igual que los budas y bodhisatvas habían complacido a los budas anteriores poniendo en práctica las instrucciones de Dharma, él había hecho lo mismo y les pedía que lo emulasen.

Aunque Tsong Khapa era uno con Manjushri, para dar un buen ejemplo, se retiró en Wolga junto a algunos de sus discípulos y practicó intensamente los preliminares con el fin de poder comprender la vacuidad.

Los bodhisatvas del primer nivel manifiestan su cuerpo en cien tierras puras para poder postrarse ante los budas y acumular mérito. Los que están en los niveles siguientes hacen lo propio con muchos más cuerpos.

Milarepa solía decir que sólo podía satisfacer a su gurú poniendo en práctica sus instrucciones. Esto puede llevar a algunos a pensar: "bien, en este caso, voy a ofrecer mi práctica y haré los ofrecimientos *solo* a través de la imaginación". Es un error, si es posible, se han de ofrecer cosas materiales porque así se acumulan más méritos. El ofrecimiento actúa como un antídoto a la avaricia.

En el sutra se suele ofrecer agua (mezclada con un poco de azafrán si se desea) e imaginar que tiene ocho cualidades. Se dice que pensar así reporta un beneficio por cada cualidad. *Chin Jampel Yang* en su comentario al *Tesoro del conocimiento más elevado* declara:

> Fresca, deliciosa y ligera suave, clara, sin mal olor ni perjudicial a la garganta ni al estómago estas son las ocho buenas cualidades del agua[9]

9 La siguiente explicación está extraída de la *Liberación en nuestras manos*, Pabongka Rimpoché dice:

> Ofrecer agua fresca trae moralidad pura, el agua deliciosa produce el logro del sabor supremo (según el *Abhisamayalamkara* se refiere a una experiencia especial por la que cualquier cosa que se come tiene un sabor delicioso). Ofrecer agua ligera produce flexibilidad de cuerpo y mente (producto de samatha o concentración unipuntualizada), agua suave produce un carácter gentil; agua clara un intelecto claro; agua libre de malos olores sirve para purificarse de oscurecimientos, agua que no perjudica al estómago protege a uno de la enfermedad y agua que no perjudica a la garganta produce voz agradable.

Si al ofrecer, el agua rebosa del bol se incurre en una falta y si solo se llena hasta la mitad se reduce el mérito. Los boles no deben estar demasiado separados ya que no es auspicioso y causa separarse de los maestros. Si se tocan, la mente estará espesa. Se dice que entre ellos tiene que haber el espacio que ocupa una semilla de cebada y que también indica hasta dónde se llenan de agua.

Tercera práctica preliminar

Sentarse cómodamente en la posición de Vairochana caracterizada por los siete puntos, recitar las oraciones de refugio, bodhichita y los cuatro inconmensurables.

Una vez has preparado los ofrecimientos y demás en la práctica anterior, empiezas la tercera práctica preliminar. Para que la espalda esté erguida y favorezca la meditación el cojín que se usa para meditar debe ser cómodo y estar un poco más elevado en la parte de atrás En el suelo, debajo del cojín, dibuja con una tiza una esvástika, encima de ella coloca unas ramitas de *tsa rampa* así como de hierba *kusha*. La esvástika simboliza estabilidad meditativa, y te recuerda que Buda Shakyamuni se iluminó debajo del árbol bodhi. La *tsa rampa* (skt *durva*) larga vida, y la hierba *kusha* purificación de obstáculos y negatividades.

Las escrituras señalan que, al llegar a la Iluminación tu cuerpo se transforma en Buda Vairochana, representación del cuerpo iluminado de todos los seres iluminados. Los siete puntos que le caracterizan son:

1. Las piernas, en la posición de loto o cruzadas.

2. La mano derecha se coloca sobre la izquierda. Los pulgares se colocan cuatro dedos encima del ombligo.

3. La espalda, recta como una flecha, así los canales internos están estirados y los aires fluyen mejor, lo cual ayuda a que la mente esté calmada y ágil.

4. La lengua, se apoya contra el paladar, detrás de los dientes, para evitar generar mucha saliva.

5. La cabeza, ligeramente inclinada hacia abajo.

6. Los ojos se dirigen hacia la punta de la nariz.

7. Los hombros nivelados.

Hay un octavo punto que consiste en concentrarse en la respiración con el fin de apartar, temporalmente, la mente de cualquier estado mental negativo. Puedes contar el proceso de inspiración y espiración o seguir la respiración en nueve rondas. Al concentrarte en la respiración, de manera natural, la mente se separa de las aflicciones porque no es posible estar pendiente de dos objetos a la vez, igual que no es posible para dos personas sentarse en el mismo cojín: si una está sentada la otra no puede ocupar el mismo cojín.

En la posición física podemos constatar seis triángulos: el cuerpo, entre los brazos y el tronco, las manos, las piernas y los brazos, la posición del cuello y mentón.

Puesto que la raíz de cada acto virtuoso depende de la motivación, antes de meditar revísala. Atisha mismo señaló:

Si la raíz es venenosa, las ramas y las hojas también lo serán. Pero si la raíz es virtuosa, las ramas y las hojas serán virtuosas.

Del mismo modo, cuando la raíz es el apego, el odio y la ignorancia, cualquier actividad que uno haga será negativa.

En una ocasión alguien preguntó a Atisha: "¿Qué se recibe de practicar Dharma pensando en el beneficio de esta vida?" Su respuesta fue: "Sólo beneficio para esta corta vida y el resultado en vidas futuras será renacer en reinos inferiores". Nagarjuna escribió en su *Guirnalda de Joyas* (skt: *Ratnavali*):

El apego, el odio, la ignorancia y el karma que producen son no virtuosos. La ausencia de apego, de odio y de ignorancia y el karma que ellos producen son virtuosos.

Un discípulo mahayana precisa tres causas para tomar refugio: 1) El fuerte deseo de liberarse del samsara y, en particular, de los reinos inferiores impulsado por el *temor;* 2) La fuerte *convicción* en el poder de las tres joyas; 3) Un sentimiento de *compasión*.

No obstante, las dos primeras causas son suficientes para tomar refugio de modo general. El temor y la fe son imprescindibles para que produzca el efecto protector que buscas. A un nivel, para tomar refugio, no es necesario visualizar la Asamblea del refugio ya que ésta siempre tiene el poder de protegernos. Tomar refugio es el fundamento del theravada y el mahayana. Al igual que en muchas actividades cotidianas se requiere la ayuda de los demás; para facilitar tu estancia en la vida, ayudarte en el momento de la muerte, durante el bardo y las vidas futuras, requieres la ayuda de la Asamblea del refugio. Para quien carece de una profunda experiencia espiritual, es más profundo tomar refugio que practicar el *Tantra de Guhyasamaja*. Tomar refugio adecuadamente es el fundamento para construir la práctica espiritual.

La figura central en la tercera práctica preliminar es Buda Shakyamuni, pero el séquito que le rodea es idéntico al del Lama Chopa cuya figura central es Tsong Khapa. Visualizar la Asamblea tiene muchos beneficios en el contexto de la práctica de meditación del *Lam Rim* ya que así tendrás un objeto focal para dirigir la oración de las siete ramas y recibir luz y néctar. La visualización extensa que usar en este punto en el *Collar* es la que se encuentra en el Apéndice, pero si ésta te resulta demasiado compleja, para beneficio de aquellos practicantes sin mucha experiencia explicaré una visualización más simple. Para ello, en este punto de tu práctica formal, en lugar de usar la visualización del Apéndice, puedes visualizar según se explica de manera muy simple a continuación:

Para recitar la oración de refugio y bodhichita visualizamos frente a nosotros la Asamblea del refugio.

En el espacio, a la altura de nuestro entrecejo aparece un hermoso trono sostenido por ocho leones de nieve en las cuatro esquinas. Encima de él se encuentran cinco tronos más pequeños: uno en el centro y el resto en las cuatro direcciones cardinales. En el trono del centro imagina un hermoso loto, un disco solar y un disco lunar que actúan como cojines. En ellos se sienta tu maestro raíz bajo el aspecto de Buda Shakyamuni. Su cuerpo es dorado y le rodea un aura de luz. Lleva las tres vestimentas de un monje totalmente ordenado. Tiene las treinta y dos marcas menores y las ochenta mayores. Su mano derecha toca el suelo, lo que simboliza la conquista del demonio Devaputra; el kapala repleto del néctar de la medicina, la inmortalidad y la sabiduría que representan la conquista del resto de demonios: agregados, muerte y aflicciones o engaños mentales.

A su derecha, imagina a Maitreya, rodeado de los maestros del linaje del método y a su izquierda visualiza a Manjushri, rodeado por los maestros del linaje de la sabiduría. Tras la figura central visualizamos a Buda Vajradhara alrededor del cual están los maestros tántricos, y frente a Shakyamuni imagina a tu maestro raíz en su aspecto humano, rodeado por todos aquellos lamas de los que has recibido enseñanzas. La visualización descrita se denomina "Los cinco grupos de maestros. Como representación de la Joya del Dharma hemos de visualizar que frente a los budas y los maestros hay textos de Dharma que simbolizan sus logros espirituales y los textos por ellos compuestos.

Una vez sientas el objeto de refugio delante de ti, tal como se ha descrito, imagina que estás rodeado de innumerables seres bajo aspecto humano, pero con los sufrimientos propios de cada reino de existencia samsárica: tu padre a tu derecha, tu madre a tu izquierda, delante de ti a tus enemigos y detrás a tus amigos. Tú mismo, como líder, diriges la oración de refugio en la que se recitan alabanzas al maestro, al Buda, al Dharma y a la Sangha.

Para liberarte del samsara te apoyas en Buda Shakyamuni, caracterizado por cuatro cualidades: 1) Está libre del samsara, 2) tiene medios hábiles para liberar del temor a los demás, 3) tiene compasión y amor, 4) tiene la capacidad para beneficiar a todos los seres.

El lama está incluido en la Joya del Buda. Piensa que es la síntesis de las Tres Joyas: su cuerpo es Sangha, su palabra es Dharma y su mente es Buda. Has de estar plenamente convencido de que la Asamblea está presente en tu sala y que sólo tus negatividades te impiden percibirla.

Pensando en las cualidades del objeto de refugio recita tantas veces como puedas, *namo guru bhe,* —"voy por refugio en los gurús—. Imaginas que tubitos de luz de cinco colores con predominancia del blanco repletos de néctar, surgen de los cinco maestros: los del linaje de la vastedad, los de la visión profunda, los tántricos, aquellos de los que has recibido Dharma directamente y de Shakyamuni en el centro, es decir, de Maitreya, de Manjushri, de Vajradhara, de tus maestros y de Buda Shakyamuni. La luz y el néctar (conectado con las prácticas tántricas) descienden hacia ti y hacia todos los seres. Imaginas que se eliminan las negatividades y los obstáculos generales provenientes de karmas cometidos desde tiempo sin principio. En particular, las negatividades cometidas en contra de tus propios maestros: carecer de fe, no seguir sus consejos, etc. Esa negatividad sale por los poros y orificios inferiores de tu cuerpo y de todos los seres bajo el aspecto de humo y carbón líquido; las enfermedades manan bajo el aspecto de sangre y pus; los obstáculos y fuerzas malignas lo hacen con el aspecto de animales como serpientes, arañas, etc. Todo ello desciende hasta las entrañas de la tierra donde las fuerzas negativas que te acechan, personificadas en el Señor de la muerte, lo engullen todo, les llega a su mandala de aire, se sienten saciados y sellas su boca con un vajra en forma de cruz, al tiempo que imaginas que el suelo está hecho de una sustancia sólida. De este modo, has llevado a cabo un ritual especial para reforzar tu espacio de vida.

Por último, imagina que tu cuerpo se vuelve limpio y claro como un vaso de cristal luminoso, a la vez que se incrementa tu conocimiento de las escrituras, logros espirituales, espacio de vida y mérito, gracias a luces y néctar de cinco colores con una predominancia del amarillo. Las buenas cualidades de cuerpo, palabra y mente del maestro entran en ti y en todos los que te rodean. Piensa que todos estáis bajo la protección de tu guía espiritual.

Para tomar refugio en la Joya del Buda recita *namo budhaya* —voy por refugio en Buda— mientras te enfocas en los cinco tipos de budas —los del tantra de acción, ejecución, yoga tantra y el superior, y en los mil budas de este eón afortunado—. De todos ellos desciende luz y néctar que penetra por tu coronilla y purifica todo el karma negativo, enfermedades y obstrucciones. En particular purifica todo lo negativo cometido con respecto al Buda: considerar su imagen como una mercancía con la que comerciar, menospreciar sus cualidades, etc. Como antes, esta negatividad sale de tu cuerpo y del de todos los seres que te rodean bajo el aspecto de líquido oscuro, humo negro, carbón. Las enfermedades salen en forma de pus, sangre y los obstáculos en forma de serpientes arañas, etc.

Después, tu cuerpo se vuelve claro y transparente, tu espacio de vida, conocimiento y comprensiones experienciales de Dharma, aumentan, las cualidades de cuerpo, palabra y mente del Buda entra en ti y en todos los seres, quedando todos bajo su protección hasta llegar a la Iluminación.

Recita *namo Dharmaya* –voy por refugio en el Dharma–, luz y néctar surge de los textos. Hay cuatro tipos de Dharma: el theravada de los oyentes y realizadores solitarios, el mahayana de los bodhisatvas, y el de los cuatro grupos de tantra. La luz y el néctar purifica todos tus obstáculos y negatividades acumulados desde tiempo sin principio y, en particular, todas aquellas cometidas en relación con el Dharma: Abandonar los dos tipos de Dharma; observar los textos como mercancía comercial; pisar textos de Dharma; venderlos para sacar provecho material; criticar al theravada, al mahayana o al tantrayana; criticar Dharmas no budistas

Todas las negatividades salen del cuerpo y descienden a la boca del Señor de la muerte que se siente satisfecho. Tu cuerpo se vuelve transparente y limpio, aumenta el espacio de vida, el mérito, los logros espirituales y el conocimiento de las escrituras. La bendición del Dharma entra en tu cuerpo y quedas bajo su protección.

Por último, enfoca tu mente en la Sangha, formada por los oyentes, realizadores, bodhisatvas, dakas, dakinis y protectores y recita *namo Sanghaya* –tomo refugio en Sangha–. De cada uno de ellos desciende luz y néctar que entra en ti y en todos los seres que te rodean. Se purifica toda la negatividad cometida desde tiempo sin principio y, en particular, la generada con relación a la Sangha. "Sangha" se refiere a cualquier ser que haya percibido la vacuidad directamente, sea laico, laica, monje o monja. También se puede considerar Sangha a un grupo de cuatro monjes plenamente ordenados. Aquí, "negatividades" serían criticar a los monjes, crear cisma, usar propiedades ofrecida a la Sangha para provecho personal. Hacer ofrecimientos a la Sangha es más poderoso que hacer ofrecimientos al mismo Buda porque, en este segundo caso recibes solo el mérito de ofrecer, mientras que en el primero, además del beneficio de ofrecer, recibes el de que la Sangha lo consuma. Suplicar a los seres santos te ayuda a superar los obstáculos.

Este comentario relativo a la manera de tomar refugio viene expuesto en *Collar de los afortunados* y lo has de recitar como viene a continuación:

Visualizar los objetos de refugio

En primer lugar, visualiza el objeto de refugio así:

Frente a mí en el espacio, en un amplio y elevado trono adornado con joyas y sostenido por ocho leones majestuosos, sobre cojines de loto, sol y luna, se sienta mi bondadoso Maestro Raíz. Aparece bajo la forma de Buda Shakyamuni. Su cuerpo es dorado y una protuberancia en la coronilla adorna su cabeza. Tiene un rostro y dos brazos. Su mano derecha adopta el gesto de tocar la tierra y la izquierda el gesto de la meditación, sosteniendo un recipiente para pedir limosna, repleto de néctar divino. Su cuerpo brillante, adornado con las marcas mayores y menores, viste la túnica azafranada de un monje. Se sienta con las piernas cruzadas en la posición diamantina, rodeado por un halo de luz que irradia su cuerpo.

Le rodean una asamblea de maestros directos e indirectos, deidades tutelares, budas, bodhisatvas, héroes, dakinis y protectores de Dharma. Cada uno de estos seres tiene frente a si una mesa exquisita donde descansa una radiante escritura de Dharma que contiene sus propias enseñanzas.

El campo de mérito me mira con agrado. Recuerdo las virtudes y la compasión que poseen todos estos seres y genero una gran fe en ellos.

La meditación del refugio

Desde tiempo sin principio, yo y todos los seres conscientes, mis madres, hemos experimentado los sufrimientos generales del samsara y de manera especial los numerosos sufrimientos de los tres estados inferiores. Aun así, parece difícil prever un fin a este dolor.

Pero ahora he conseguido esta extraordinaria forma humana dotada con el ocio y los dones —tan difícil de encontrar y a la vez tan significativa–. También he encontrado la preciosa y rara enseñanza del Buda. Si no emprendo el camino para conseguir el objetivo de la Budeidad, el estado de liberación suprema donde se habrá abandonado todo el dolor, tendré que seguir experimentando los distintos sufrimientos del samsara según mi karma.

Puesto que el poder para liberar a los seres de estos sufrimientos está en manos de los gurús y de las Tres Joyas situadas frente a mí, en ellos tomo refugio y me determino a alcanzar la Budeidad perfecta en beneficio de todos los seres, mis madres.

Recita tantas veces como puedas, o al menos tres veces:

Tomo refugio en los Gurús
Tomo refugio en los Budas
Tomo refugio en el Dharma
Tomo refugio en la Sangha

Namo Gurubhe
Namo Budaya
Namo Dharmaya
Namo Sanghaya

Tomar refugio es una causa principal para generar los tres aspectos del camino: la renuncia, la bodhichita y sunyata. Para tomar refugio se requiere despertar temor al samsara en general y a los reinos inferiores en particular; dicho temor produce el sentimiento de la emergencia definitiva o renuncia. La renuncia surge al descubrir que la raíz del samsara no es otra que la ignorancia que se aferra a la existencia inherente o esencial y que su antídoto es la sabiduría que comprende la vacuidad. La renuncia te ayuda a ver el sufrimiento de todos los seres y despertar compasión. Contemplar la naturaleza dolorosa del samsara y, de manera particular, el dolor de los reinos inferiores provocará temor que, junto con la fe en el poder de las Tres Joyas, constituyen las causas para tomar refugio.

Tomar refugio te ayuda también a nivel temporal en todos tus empeños de esta vida. El amor y la compasión de Buda llega a todos los seres, pero si éstos carecen de fe, poco pude hacer. La lluvia puede mojar un campo, pero si la semilla que se ha plantado está podrida nada crecerá.

¿Por qué se habla de tres refugios en lugar de uno solo? Si un paciente desea curarse necesita un médico, una medicina y una enfermera. La Joya del Buda es como un médico, la Joya del Dharma es la medicina que proporciona directamente alivio y la Joya de la Sangha son todos aquellos que ayudan al paciente.

Después de haber tomado refugio se hace la práctica denominada "llevar el resultado al sendero". Buda Shakyamuni que está rodeado de maestros, bodhisatvas, oyentes, realizadores solitarios, dakas, dakinis y protectores del Dharma[10], proyecta una réplica de sí mismo que se disuelve en ti y, de inmediato, adoptas su aspecto luminoso y envías innumerables réplicas –igual que el sol envía rayos de luz– que se disuelven en los seres y los transforman en seres iluminados.

Seguidamente se recita una oración de la bodhichita y los cuatro pensamientos inconmensurables, ecuanimidad, amor, compasión y alegría. Cada uno tiene cuatro puntos tal como viene en las siguientes oraciones del *Collar:* 1) intención o aspiración, 2) oración, 3) determinación o actitud extraordinaria y 4) súplica. Así es como viene señalado en las siguientes estrofas del *Collar:*

Recita tres veces el siguiente verso para generar la bodhichita

Que a través de los méritos que acumulo practicando la generosidad y demás perfecciones pueda alcanzar el estado de Buda para poder beneficiar a todos los seres conscientes

Qué maravilloso sería que todos los seres conscientes permanecieran en la ecuanimidad evitando el apego a los que tienen cerca y el odio a los que están lejos. Rezo para que así sea y me comprometo a hacerlo posible. Que los maestros y las deidades me bendigan para ser capaz de conseguirlo.

Qué maravilloso sería que todos los seres conscientes encontraran la felicidad y su causa. Rezo para que así sea y me comprometo a hacerlo posible. Que los maestros y las deidades me bendigan para ser capaz de conseguirlo.

---

10 Una manifestación de un buda o de un bodhisatva cuya función es eliminar obstáculos y crear condiciones propicias para practicantes de Dharma puros.

Qué maravilloso sería que todos los seres conscientes estuvieran libres del sufrimiento y de su causa. Rezo para que así sea y me comprometo a hacerlo posible. Que los maestros y las deidades me bendigan para ser capaz de conseguirlo.

Qué maravilloso sería que todos los seres conscientes jamás se vieran separados de la felicidad de los estados más elevados y de la felicidad suprema de la liberación. Rezo para que así sea y me comprometo personalmente a hacerlo posible. Que los maestros y las deidades me bendigan para ser capaz de conseguirlo.

Después de recitar pausadamente estas cuatro estrofas aparece la siguiente oración, conectada con la bodhichita:

Que para beneficiar a todos los seres conscientes, mis madres, pueda yo, rápida, muy rápidamente obtener el estado precioso de la Budeidad. A través de la profunda práctica del yoga de la deidad–gurú, meditaré en la instrucción de las etapas del sendero a la Iluminación.

Cuando la oración dice "todos los seres conscientes, mis madres" piensa que hay una razón lógica que la avala: puesto que la vida no tiene principio, todos los seres han sido amables contigo y *ahora* están experimentando dolor en los distintos reinos del samsara. Esta bodhichita es especial porque en ella te preguntas: ¿cómo voy a poder esperar tres eones para llegar a la Iluminación cuando sufren tanto? De este modo te determinas a obtener la Iluminación lo antes posible. "Rápida" indica obtener la Iluminación por medio del tantra. "Rápidamente" se refiere a obtenerla no sólo usando los tantras inferiores sino por medio del tantra superior, que hace posible que se pueda conseguir la Iluminación en una vida de esta época degenerada. Según la interpretación del excelso Lama Ensapa, "rápido" se refiere a practicar el *Lam Rim* y "rápidamente" a practicar el Yoga del Gurú. Esta interpretación viene de la tradición oral Ganden donde, "rápido" se refiere a que la tradición del Lam Rim tiene unas cualidades especiales que lo hacen un sendero incluso más rápido que cualquiera de los tres niveles tántricos básicos. "Rápidamente" aludiría a usar el yoga del gurú como la vida y energía de tu práctica.

Cuarta práctica preliminar

Visualizar el campo de mérito

"Campo" se refiere a la base que te permite acumular mérito, y "mérito" indica que si deseas obtener la Budeidad es imprescindible acumular mérito y purificar. Si siembras una semilla en un campo ordinario y la proteges tendrás una buena cosecha. Si siembras las semillas de los actos positivos en el campo supremo de las Tres Joyas cosecharás mérito. Tsong Khapa pidió a Manjushri el método para recibir comprensiones experienciales rápidas de *Lam Rim* y su respuesta fue:

> Suplicar al lama, inseparable de la deidad, acumular mérito y purificar. Estudiar, contemplar y meditar en el *Lam Rim*.

Las cuatro tradiciones tibetanas tienen sus propias prácticas preliminares para acumular mérito y purificar. Sin practicarlas, aunque uno estudie o medite no habrá logros experienciales. En este contexto, Lama Tsong Khapa señaló:

> Escuchas el Dharma, pero no puedes retenerlo, lo contemplas, pero no obtienes comprensión alguna; meditas y no consigues ningún logro espiritual alguno. En ocasiones así, de grave debilidad mental, la instrucción apropiada es confiar en el poder del campo de mérito.

Muchas instrucciones que aparecen en este texto vienen del "linaje Ganden susurrado al oído". A este propósito conviene recordar las palabras del gran Tapukpa:
Es tan solo culpa del practicante si no tiene éxito. En este linaje de transmisión oral del conquistador Lama Tsongkhapa, no lleva más que tres años lograr la Budeidad si se practica como lo hicieron el venerable Milarepa y Gyelwa Gotsangpa. Prueba de ello son los muchos yoguis del linaje Ganden, como el gran Ensapa y sus hijos espirituales, que alcanzaron la Budeidad en el lapso de sus vidas y lo hicieron sin tener que practicar grandes austeridades.

Se dice que, un día, cuando Buda Shakyamuni estaba impartiendo enseñanzas, un niño apareció ante él y le ofreció un rosario de cristal. Buda Shakyamuni profetizó que ese niño aparecería como un monje en un lugar llamado Ganden y que sería Lama Tsongkhapa, sustentante de un linaje muy especial.

Aunque Lama Tsongkhapa era una manifestación de Manjushri, con clarividencia o poderes milagrosos se manifestó como un practicante humilde. Y bajo ese aspecto mostró un ejemplo perfecto a los demás, dio enseñanzas puras y esparció el Budadharma por todo el Tíbet mostrando cómo combinar sutra y tantra y, en particular, cómo practicar puramente vinaya y tantra superior.

Lama Tsongkhapa creía que no se debía enseñar a los demás mediante la exhibición de poderes milagrosos porque no ayudaban a los estudiantes a superar su ignorancia. Siguiendo la estela de Atisha, Lama Tsongkhapa también estableció la norma en sus monasterios que prohibía a sus seguidores a desplegar poderes milagrosos. Lama Tsongkhapa consideraba que el mejor modo de ayudar a los seres conscientes a superar su ignorancia era dando enseñanzas profundas y claras. De ahí sus profundas aclaraciones en sus textos de Lam Rim, también en aquellos que presentan y clarifican la enseñanza de Nagarjuna, Chandrakirti, Asanga, etc; o en los profundos comentarios de Lo Jong que despliegan los significados de los crípticos textos raíz compuestos por los discípulos de Atisha: Geshe Chekawa, Gueshe Sharawa, etc. Y, de manera muy especial, clarificó puntos profundos y sutiles del sendero tántrico.

Según su visión, uno empieza con la práctica del Lam Rim, después progresa en la del Lo Jong, adiestramiento de la mente, y finalmente entra en el vajrayana mahamudra o tantra. Como se suele decir: "El Dharma inmaculado es Lam Rim, Lo Jong y Mahamudra".

Como se ha comentado hay varios yogas del gurú que se suelen usar en esta tradición, el más notorio y simple es el Ganden Lagyema, *Cientos de deidades de la Tierra Gozosa*, que se puede usar bien sea con prácticas del sutra o del tantra. Y otro es el

Lama Chopa, "ofrecimiento al guía espiritual", más conectado con el tantra superior.

En la práctica de Ganden Lagyema se encuentra el *migtsema* que es muy bendecido y aparece en la *Escritura Emanada de Ganden* de Manjushri el cual la pasó a Lama Tsongkhapa y, después, se fue transmitiendo de maestro a discípulo. Esta oración–mantra fue originalmente pronunciada por Manjushri. Lama Tsongkhapa pasó esta práctica a su discípulo, Dje Sherab Senge que vivía en la zona de Sé en el Tíbet. Este linaje pasó a ser llamado el "linaje de Sé".

Después de la muerte de Lama Tsongkhapa, el linaje del Lama Chopa fue promovido por Kedrub Djé y Togden Jampel Gyatso. Lama Tsongkhapa pasó la *Escritura Emanada* a los dos, pero solo Togdén Jampel Gyatso la pasó a sucesivos discípulos y por ello es considerado como el siguiente en este linaje especial de Ganden. Se dice que Kedrub Dje se quedó en Ganden enseñando la tradición de Lama Tsongkhapa mientras que Togden Jampel Gyatso pasó toda su vida en lugares aislados y cuevas en las montañas enfatizando la práctica meditativa, de modo que en tres años alcanzó la Iluminación.

En una ocasión, Lama Tsongkhapa apareció ante el gran yogui Mahasidha Dharmavajra bajo el aspecto que se describirá a continuación y le dio instrucciones especiales junto con otras enseñanzas esenciales que aparecen en la *Escritura Emanada*. En realidad, el lector encontrará en este libro, *Los preliminares de la meditación,* instrucciones que provienen de la *Escritura Emanada*.

El mahasidha Dharmavajra, pasó estas instrucciones junto con la *Escritura Emanada* a Losang Dondrub, el gran Ensapa, que alcanzó la Iluminación en tres años y que en una ocasión dijo:

> Mis únicas cualidades son que, al principio hice súplicas uni-puntualizadas a mi gurú, después practiqué mis sadhanas tan pronto como las recibía, finalmente logré la Iluminación en tres años y tres meses.

Ensapa pasó el linaje de la *Escritura Emanada* a Kedrub Sangye Yeshe, el cual lo pasó al Primer Panchen Lama, Losang Choky

Gyaltsen. Todos estos lamas forman parte del linaje susurrado al oído de Ensa.

Hasta la época del primer Panchen Lama, el linaje de la *Escritura Emanada* se había transmitido directamente de gurú a discípulo, sin que nadie hubiera pasado por escrito su contenido. Solo los muy afortunados sabían de su existencia, o podían practicar su contenido.

Sin embargo, el primer Panchen Lama, preocupado al ver que su contenido se podría perder, decidió escribir, *El Sendero principal de los Vencedores, el texto raíz del mahamudra* que contiene muchas instrucciones esenciales de mahamudra que vienen de la *Escritura Emanada*, así como otras instrucciones.

Esta cuarta práctica preliminar ha sido extraída del *Lama Chopa*, aunque no voy a dar la profusión de detalles que allí aparecen. Antes de visualizar el campo de mérito has de disolver la Asamblea de refugio que imaginabas en la sección previa. Recuerda que tenías la alternativa simple que aparece en el capítulo, "Tercera práctica preliminar", o la más sofisticada y elaborada que aparece en el *Apéndice*.

Independientemente de la que hayas usado, en este punto tienes que seguir una de estas tres diferentes instrucciones: 1) La Asamblea visualizada se disuelve en luz dorada en tu entrecejo. 2) la Asamblea se disuelve en el espacio, 3) la Asamblea se eleva en el espacio y la dejas por encima del campo de mérito que invocarás a continuación para que se funda en él como seres de sabiduría.

Cualquier alternativa que elijas, si no puedes visualizar todas las figuras del campo de mérito, es suficiente con imaginar que están presentes y cultivar fe.

Antes de visualizar el campo de mérito tienes que bendecir el suelo donde va a erigirse, así como preparar ofrecimientos. Todo ello viene en el *Collar* con estas palabras:

Bendecir el suelo y los ofrecimientos

Que toda la tierra sea transformada en un lugar completamente puro tan suave como el lapislázuli y liso como la palma de la mano

Que todo el reino del espacio se llene de ofrendas de dioses y humanos, materialmente dispuestas y mentalmente creadas, y de nubes sublimes de ofrendas de Samantabhadra

Om namo bhagawate benza sara prama dane,
tathagataya arhate samyak sam budaya
tayatha om benze benze maha benze
maha tendza benze maha biya benze
maha bodhichita benze maha bodhi mendo
pasam tramana benze sarwa karma awarana
bisho dhana benze soha X3

Bendice los ofrecimientos invocando el poder de la Verdad:

Que todo ello ocurra por el poder de la verdad de las Tres Joyas, las bendiciones de todos los budas y bodhisatvas, la gran autoridad de haber completado las dos acumulaciones y el poder de la esfera del Dharma, pura e insondable.

Para visualizar el campo de mérito aquí se seguirá el sistema del *Lama Chopa*. Como ya se ha dicho esta visualización es una instrucción extraordinaria extraída de la *Escritura emanada de Ganden*[11]". En relación con la visualización previa de la Asamblea la diferencia esencial es que la figura central es Lama Losang Thubwang Dordjechang, en lugar de Buda Shakyamuni. Esta instrucción especial representa una forma de yoga del gurú en que el objeto de veneración es un ser de tres niveles y se dice que Gyalwa Ensapa y el mahasidha Choky Dordge la usaron para obtener el estado de unión suprema.

El *Collar* dice:

En el vasto espacio del gozo y la vacuidad indivisibles, rodeado de nubes de ofrecimientos de Samantabhadra se eleva el árbol que concede los deseos, cubierto con flores, hojas y frutos. En su cima, hay un trono enjoyado que es sostenido por majestuosos leones y sobre él descansan un loto, el sol y la luna. En este incomparable asiento está mi maestro raíz, poseedor de las tres amabilidades, cuya naturaleza es la esencia de todos los budas.

---

11 Es un texto de orígenes místicos accesible sólo a los más santos del linaje.

Él aparece bajo el aspecto de un monje plenamente ordenado, con un rostro y dos brazos y sonríe radiante. Su mano derecha está en el gesto de enseñar el Dharma y la izquierda en el gesto de la meditación, y con esta sostiene un recipiente repleto de néctar. Viste los tres hábitos color azafrán de un monje y adorna su cabeza con un sombrero dorado de erudito. En el corazón de mi maestro raíz se halla Buda Shakyamuni y en su corazón Vajradhara azul con un rostro y dos brazos. Vajradhara sostiene un vajra y una campana, y abrazado a su consorte Vajradhatvisvari, disfruta de la experiencia del gozo y la vacuidad innatos. Sus cuerpos están cubiertos de joyas y vestimentas celestiales.

El cuerpo de mi maestro raíz está dotado de las marcas mayores y menores y emana miles de rayos de luz. Un aura con los cinco colores del arco iris, rodea su cuerpo. Se sienta en la posición diamantina, sus agregados puros son de la naturaleza de los cinco sugatas. Sus cuatro elementos son las cuatro consortes y sus bases, canales, ligamentos y articulaciones son auténticos Bodhisatvas. Los poros de su cuerpo son los veintiún mil arhats, sus extremidades los Nobles iracundos. Los rayos de luz que emana su cuerpo son los guardianes direccionales, como los que perjudican y los que se alimentan del olor. Los dioses mundanos sirven como cojines bajo de sus pies.

Rodeándolo, en círculos sucesivos hay un océano de deidades que incluyen a maestros directos y del linaje, deidades tutelares con los séquitos divinos de su mandala, budas, bodhisatvas, dakas, dakinis y protectores de las enseñanzas. Sus tres puertas están señaladas con los tres vajras. Rayos de luz cuyo extremo tiene forma de gancho emanan de la sílaba HUM para invitar a los seres de sabiduría del reino innato. Estos seres se mezclan firme e inseparablemente con los seres de compromiso.

Para construir esta visualización, imagina que el suelo es suave, limpio, libre de obstáculos y hecho de lapislázuli. El sonido que produce el viento, los árboles y los ríos es el del Dharma, como en una tierra pura. En el centro de este suelo se encuentra un océano lechoso de donde surge un *árbol que concede los deseos*, hecho de siete sustancias preciosas. Sobre su copa se encuentra un gran trono dorado. Cada esquina del trono la sostienen dos leones que representan los ocho poderes supremos del Buda[12]. Según otra interpretación, los cuatro grupos de dos leones representan las cuatro ausencias de temor de un Buda[13]. Son leones mitológicos, según se dice, solo percibidos por seres de muy buena fortuna. Una de sus características es que, si su leche cae al suelo o se almacena en un recipiente ordinario, se vuelve amarga. Los lamas lo usan como ilustración de los peligros de transmitir enseñanzas tántricas a aquellos que no han sido bendecidos por la iniciación.

Encima del trono, imagina un gran loto formado por once hileras de pétalos. Su parte superior tiene cuatro grandes pétalos en cuyo centro, sentado sobre un cojín solar y lunar se encuentra, Lama Losang Thubwang Dordjechang, indistinguible de tu maestro raíz, cuya esencia es Tsong Khapa con Buda Shakyamuni en su corazón, y en el de éste, Vajradhara, en cuyo corazón está la sílaba *hum.* Es conocido como "la unión de los tres seres sagrados".

Nuestro lama o gurú es Lama Tsongkhapa. Ver a nuestro gurú de la misma naturaleza que todos los budas es vital para obtener realizaciones espirituales tántricas. Los tres son uno solo bajo distintos aspectos. Vajradhara es el cuerpo de deleite de un buda que solo aparece a elevados bodhisatvas. Para beneficiar a los seres ordinarios se manifiesta como cuerpo de emanación supremo, Buda Shakyamuni, y para beneficiar incluso a seres con menos fortuna se manifiesta con un cuerpo de emanación que aparece como un ser ordinario, Lama Tsongkhapa. E incluso para aquellos con menor fortuna se manifiesta como nuestro lama ordinario.

Los tres son la naturaleza de buda que es la misma que la de tu lama. La idea es que al pensar en tu lama lo veas indistinguible

---

12 Según *La Liberación en nuestras manos*, los ocho poderes supremos del Buda están relacionados con el cuerpo, palabra, mente, poderes milagrosos, lugar, todo lo impregna, la capacidad de producir todo lo que es deseado y las cualidades virtuosas.

13 Las cuatro ausencias de temor que posee un buda son: 1) la comprensión experiencial completa de todos los Dharmas, 2) el saber que todas sus aflicciones o engaños han cesado, 3) la capacidad de declarar qué cosas son obstáculos y 4) la capacidad para declarar lo que representa el sendero a la emancipación.

de Lama Tsongkhapa, Buda Shakyamuni y Vajradhara, lo cual es una profunda experiencia.

El loto representa la renuncia porque, a pesar de que el loto nace en el fango carece de suciedad; del mismo modo, del estiércol del samsara surge la noble mente de la renuncia. La luna representa la bodhichita convencional porque, al igual que los rayos de la luna eliminan el tormento del calor, la bodhichita elimina el tormento producido por el odio y la ira. El sol representa la bodhichita última porque, al igual que el sol madura la cosecha, la comprensión de la vacuidad madura el continuo mental de los seres.

Lama Losang Thubwang Dordjechang está sentado en ese trono precioso sobre un loto de cuatro pétalos. En el pétalo que se encuentra delante de él se encuentra Guhyasamaja con su séquito, en el de su derecha, Yamantaka y su séquito, en el de su izquierda Heruka[14] y en el de detrás Hevajra.

El nombre: "Lama" alude a tu maestro raíz; "Losang", significa el nombre de ordenación de Lama Tsong Khapa; "Thubwang" es Buda en tibetano; "Dordjechang" es Vajradhara. Debes pensar que los cuatro seres forman una misma entidad que es tu lama.

Como se ha comentado, visualizar a Lama Tsong Khapa de este modo se denomina "la incorporación de tres seres": 1) El ser de compromiso es Lama Tsong Khapa y Buda Shakyamuni; 2) el ser de sabiduría es Vajradhara[15]; 3) el ser de concentración, la sílaba *hum*. Estos tres están vinculados a la práctica del tantra.

Cuando Buda Shakyamuni enseña el sutra se manifiesta como un monje ordenado, cuando enseña el tantra lo hace como Vajradhara. Aunque Buda Shakyamuni se iluminó hace más de dos mil seiscientos años sigue beneficiando a los seres y, para ello, en ocasiones, se manifiesta como un gran erudito indio o tibetano

---

14 Yamantaka, Heruka y Guhyasamaja son los tres yidams o deidades de meditación más importantes en la tradición guelugpa.

15 Vajradhara es la fuente del mantra secreto o tantra. Es de la misma naturaleza que Buda Shakyamuni, pero muestra un aspecto diferente. Buda Shakyamuni es un cuerpo de emanación de un ser iluminado mientras que Vajradhara es el aspecto del cuerpo de deleite de un ser iluminado.

para adecuarse a las necesidades de los seres. En la actualidad, por ejemplo, recibes su inspiración y bendiciones generando fe y respeto hacia tus propios maestros a quienes consideras como Lama Tsong Khapa, Buda Shakyamuni y Vajradhara indistinguibles.

Lama Tsong Khapa viste los hábitos de un monje ordenado. La mano izquierda, en el gesto de la meditación, sostiene un recipiente, la derecha, en el gesto de dar enseñanzas, está a la altura del corazón. Ambas manos sostienen los tallos de flores utpala que se abren a la altura de sus orejas. En la flor de su mano derecha se eleva una espada de sabiduría y en la izquierda un texto de los *Sutras de la Perfección de la Sabiduría*[16]. Lleva el sombrero de pandit o erudito.

Visualizar el campo de mérito con una motivación neutra o incluso con falta de claridad, crea causas para conseguir la Budeidad. Es igual que sembrar semillas en una tierra muy fértil, debido a su poder, aunque no la cultives de manera correcta, germinará.

Si deseas hacer la visualización más poderosa y completa podrías seguir con el Mandala del Cuerpo de Lama Losang Thubwang Dordjechang que sigue el esquema del *Tantra de Guhyasamaja* con sus treinta y dos deidades. Imaginas que sus cinco agregados representan las cinco familias de Buda[17] Sus cuatro elementos –tierra, agua, fuego y aire– representan las cuatro madres. Los seis poderes sensoriales, las venas y articulaciones representan los ocho discípulos principales del Buda[18] Su pelo representa los veintiún mil arhats. Las dos piernas, los dos hombros, la boca, el lugar secreto, la rodilla derecha, la izquierda, la

---

16 En el *Lama Chopa* se puede sustituir por la *Escritura de emanación* Kadampa

17 Vairochana es el agregado de la forma de un buda, Amitabha, el del discernimiento, Ratnasambhava, el agregado de la sensación, Amogasidhi los agregados composicionales y Akshobya el agregado de la consciencia. Aquí uno piensa que se trata de los cinco agregados del gurú personal que visualizes bajo el aspecto de Lama Tsong Khapa.

18 Los ocho hijos eminentes son los ocho discípulos bodhisatvas principales de Buda Shakyamuni: Manjushri, Avalokiteshvara, Vajrapani, Ksitigarbha, Sarvanivarana Viskambhi, Akasagarbha, Maitreya y Samantabhadra.

coronilla y los talones representan las diez deidades iracundas del mandala de Guhyasamaja. Los objetos de los sentidos representan a las cinco deidades de los sentidos[19], *rupavajra*, *shaptavajra*, etc, según se explica en *Liberación en nuestras manos*.

Es auspicioso visualizar el Mandala del Cuerpo porque para obtener el estado de unión de Buda Vajradhara es necesario usar tres tantras: Heruka, Guhyasamaja y Yamantaka. Yamantaka es un preliminar al tantra en general; Guhyasamaja acentúa el desarrollo del cuerpo ilusorio y es el sendero real; Heruka enfatiza la luz clara y ayuda a desarrollarla.

A continuación, imagina que del corazón de Lama Losang Thubwang Dordjechang salen rayos de luz que manifiestan protectores locales, protectores de las direcciones y otros dioses mundanos. Salen rayos que se dirigen a su derecha, apareciendo Maitreya, rodeado de los ocho grandes maestros del linaje del método de la India budista hasta Atisha.

Otros rayos de luz se dirigen hacia su izquierda, donde aparece Manjushri rodeado por los maestros del linaje de la visión profunda o sabiduría. Estos dos linajes desembocan en la figura de Atisha. A partir de Atisha hay tres grupos de lamas, los antiguos kadampa –kadam shunbawa, kadam lam rimpa y kadam mengawa– y, finalmente, Tsong Khapa junto a los nuevos kadampa o guelupas.

De Lama Losang Thubwang sale luz hacia delante de él, y aparece tu propio maestro raíz, rodeado de todos aquellos de quienes has recibido directamente enseñanzas.

De Lama Losang Thubwang salen rayos de luz en dirección a su espalda y hacia arriba, donde aparecen los lamas del linaje de la práctica divinamente inspirada: Vajradhara con todos los maestros tántricos. Aunque, su naturaleza es la de todos tus maestros, su aspecto es el de Manjushri.

A cada uno de sus lados se encuentran dos columnas más de maestros: en el extremo de la derecha se encuentra Guhyasa-

---

19 En la práctica de *Lama Chopa* se explicita dónde visualizar dentro del cuerpo de Lama Tsongkhapa cada uno de estos budas, pero para principiantes como nosotros no es imprescindible hacerlo.

maja y Yamantaka con los maestros de estos linajes. En el lado izquierdo, Atisha y el linaje de las Dieciséis Gotas de la práctica kadampa (este linaje aparecerá en la tradición guelugpa, en otras tradiciones será Hevajra). Finalmente, Heruka y su linaje. Todos estos lamas son los que han precedido a tu propio lama.

En el centro de la segunda hilera de pétalos se encuentra Kalachakra y a sus lados las deidades del tantra superior. En la tercera hilera, las deidades del yoga tantra; en la cuarta, las deidades del tantra charya. En la quinta, las deidades del tantra de acción En la sexta, los mil budas del eón afortunado y los treinta y cinco budas de la confesión. En la séptima, los bodhisatvas incluyendo los ocho discípulos principales. En la octava, los realizadores solitarios. En la novena, los oyentes. En la décima, los héroes y las heroínas. Y en la undécima, los protectores de Dharma. Debajo de esta última hilera se encuentran los cuatro reyes de las direcciones: Virudhaka, Dhrtarastra, Vaisravana y Virupaksha. Estos son cuatro grandes reyes de Dharma de la época de Buda Shakyamuni que se comprometieron a proteger sus enseñanzas allí donde se esparcieran.

Si se desea uno puede añadir los siete budas de la medicina que se deben visualizar así: tres a la derecha de Lama Losang Thubwang Dordjechang, tres a la izquierda y uno encima.

La coronilla, garganta y corazón de cada miembro del campo de mérito está adornada con las sílabas *om ah hum*, símbolo del cuerpo, palabra y mente de todos los budas, y *so* y *ha* en el ombligo y en la parte secreta. Las cinco sílabas representan a las cinco familias de buda.

Cada uno de los maestros en el campo de mérito tiene una mesilla con textos de Dharma que simbolizan tanto las cesaciones de las aflicciones como los senderos verdaderos.

Seguidamente, de *hum* en el corazón de Lama Losang salen rayos de luz que invitan a todos los budas y bodhisatvas de las diez direcciones, los seres de sabiduría.

Para invocar a los seres de sabiduría hay una oración especial que utilizó una mujer del reino de Magadha, en India, en la época del Buda Shakyamuni. En una ocasión ella decidió invitar a Buda Shakyamuni a su casa. Le explicó este deseo a su marido quien dudó que el Buda pudiese venir, ya que estaba muy lejos. Ella le dijo que, no obstante, hiciese todos los preparativos para la comida y que ella se encargaría de invitarle. Una vez la comida estuvo preparada, la mujer subió al tejado de la casa y ofreciendo una barrita de incienso, recitó las palabras que aparecen a continuación en el *Collar e,* inmediatamente después de recitar esta oración, el Buda apareció junto con sus discípulos volando por el espacio hasta llegar a manifestarse frente a ella.

¡Oh Protector de todos los seres sin excepción, que subyugas las coléricas huestes del mal, que conoces perfectamente todas las cosas, tú y tu séquito acudid por favor a este lugar!

DZA HUM BAM HO. Los seres de sabiduría se unen y se hacen inseparables de los seres de compromiso.

Recita pues las sílabas, *dza hum bam ho.* Con *dza* se invoca a los seres de sabiduría para que se unan a los seres de compromiso, (el campo de mérito que tú has visualizado). Con *hum* se disuelven, como leche en agua. Con *bam* se mezclan por completo. Con *ho,* esta unión produce gran deleite.

En la India de antaño, cuando llegaba un huésped a una casa, se le ofrecía un baño, ropa limpia y, finalmente, se le agasajaba con comida y música. Aquí, con el objetivo de purificar tus propias impurezas, haces lo propio con el campo de mérito visualizado delante de ti.

Imagina en el espacio, delante del campo de mérito que acabas de visualizar, una sala de baños hecha de piedras preciosas, con el suelo de cristal, cuatro portalones y una escalera para acceder a ella. El techo de los portalones está formado por doseles de perlas. En el interior de la sala, aparece un trono para cada miembro del campo de mérito y tres diosas de ofrecimiento para cada uno de ellos: una lavará su cuerpo, otra lo perfumará, y la última le vestirá.

Tú, como yogui requieres un *bumpa* tradicional o tetera, un *plato grande y hondo,* que representa la piscina, *un espejo,* que sostienes encima del plato y que representa el asiento de las cinco familias de Buda en la piscina cuando se bañan, *una kata* que representa el techo de la sala de baños. Si no tienes los instrumentos para llevar a cabo el ritual, los puedes imaginar.

Vierte agua desde el *bumpa* o recipiente dibujando dos líneas paralelas en el espejo con gotas de agua; haz lo mismo con dos líneas más de arriba abajo; de este modo tienes nueve puntos. Se vierte agua en cinco puntos del espejo. Las nueve secciones representan la casa de baños y las cinco gotas de agua los cinco budas, las cinco familias: las del norte, sur, este, oeste y centro. La *kata* se extiende por encima del recipiente con las dos manos.

Se recita la primera oración extendiendo la kata encima del plato. Cada vez que viertes las cinco gotas de agua en el espejo recitas las oraciones que aparecen en el *Collar* y el mantra.

Al principio, cuando recitas: "En una sala de baño exquisita y fragante, cuyo suelo es de cristal brillante y luminoso, se elevan resplandecientes columnas enjoyadas que sostienen un dosel de perlas deslumbrantes", imaginas que los seres del campo de mérito descienden instantáneamente a la casa de baño.

Una vez allí, imagina que manifiestas tres diosas delante de cada miembro del campo de mérito. Ellas bañan, ungen sus cuerpos y les visten. Piensa que los invitados experimentan gran gozo.

Una vez bañados, has de secar el cuerpo de los invitados e imaginar que gotas de agua en su cuerpo se reúnen en los cinco puntos especiales: coronilla, garganta, corazón, ombligo y lugar secreto. Se recita el mantra *om ah hum tram hrih kaya visodanaye so ha* y con la kata, que también representa la toalla, se toca los cinco puntos en los que habías vertido agua en el espejo, lo imaginas mentalmente, pero, en la práctica, tocas el espejo con la kata y recitas los cinco mantras. Al pronunciar *kaya* mueves la kata circularmente.

Finalmente, bellas diosas ungen sus cuerpos con perfume mientras recitas la oración respectiva. Con la kata abierta a la altura de la boca, recitas. Imagina que sus ropas viejas se dejan a un lado mientras otras diosas les visten con adornos y ropas celestiales. También, como representación de los adornos, elevas la kata junto con el mala extendido por encima del plato, piscina.

Al recitar la última oración, elevas el espejo a la altura de la nariz y visualiza que representantes de los seis reinos se llevan sus viejas ropas que se consideran objetos de fe en los seis reinos.

El agua de la piscina pasa a través de seis tuberías que llegan a todos los seres de los seis reinos, se la beben y hace que se eliminen todos sus problemas internos y externos sean eliminados, y obtienen la Liberación. Por último, la sala de baños se disuelve en la vacuidad. Estas son las palabras en el *Collar* que te recuerdan este ritual del baño:

Bañar a las deidades

Visualizar la sala de baño

En una sala de baño exquisita y fragante, cuyo suelo es de cristal brillante y luminoso, se elevan resplandecientes columnas enjoyadas que sostienen un dosel de perlas deslumbrantes.

Bañar al campo de mérito

Al igual que los dioses bañaron a Buda Shakyamuni inmediatamente después de su nacimiento yo también bañaré al campo de Mérito con el agua pura y divina

om sarwatathagata abhishekata samaya shriye ah hum

Ofrezco el baño a mi maestro raíz, Munendra Vajradhara cuyo cuerpo es producto de diez millones de virtudes excelentes, cuya palabra colma las esperanzas de los ilimitados seres y cuya mente ve todas las cosas exactamente como son.

om sarwatathagata abhishekata samaya shriye ah hum

Ofrezco el baño al linaje de las actividades vastas. Ofrezco el baño al linaje de la visión profunda. Ofrezco el baño al linaje de la práctica divinamente inspirada. Ofrezco el baño a todos los maestros del linaje.

om sarwatathagata abhishekata samaya shriye ah hum

Ofrezco el baño a los Budas que nos enseñan. Ofrezco el baño al santo Dharma que nos da refugio. Ofrezco el baño a la Sangha que proporciona dirección. Ofrezco el baño a las Tres Joyas, nuestro refugio.

om sarwatathagata abhishekata samaya shriye ah hum

Secar al campo de mérito

Seco sus cuerpos con telas de suavidad incomparables. Los unjo y perfumo con fragancias exquisitas

om ah hum tram hrih ah kaya visodanaye so ha

Ungirlos

Con los mejores perfumes que llenan los tres mil mundos unjo a los nobles y sabios, cuyos cuerpos radiantes son como el oro brillante que ha sido calentado, bruñido y pulido.

Ofrecer vestimentas

A aquellos que han conseguido los inmutables cuerpos vajras, ofrezco con fe inmutable divinas vestimentas, finas, suaves y ligeras. Pueda yo conseguir también un cuerpo vajra.

Ofrece adornos mientras recitas

Adornados de manera natural con las marcas mayores y menores, los Conquistadores no buscan otra joya, aun y así, les ofrezco las mejores gemas. Puedan todos los seres conseguir un cuerpo adornado con las marcas mayores y menores.

Invitarlos a regresar a sus asientos

Por tu compasión hacia mí y hacia todos los seres y por tus poderes milagrosos. Oh Bhagawan por favor, permanece aquí mientras sigo venerándote.

Árbol de Refugio Guelugpa

Quinta práctica preliminar

Ofrecer la oración de las siete ramas y el mandala para acumular mérito y eliminar obstáculos

A continuación, sigues la práctica con las oraciones de esta sección de *Collar de los afortunados*:

Postración

Me postro ante el Cabeza de los Shakyas, cuyo cuerpo es el producto de diez millones de virtudes excelentes, cuya palabra colma las esperanzas de los ilimitados seres y cuya mente ve todas las cosas exactamente como son.

Me postro ante el linaje de la práctica divinamente inspirada: el compasivo Sugata Vajradhara, los poseedores de la visión última, Tilopa y Naropa y los gloriosos Dombhipa y Atisha.

Me postro ante el linaje de las actividades vastas: Maitreya, Asanga y Vasubhandu, Vimuktisena, Paramasena y Vinitasena. El glorioso Kirti y Haribhadra. Kusali y Suvarnadvipa.

Me postro ante el linaje de la visión profunda: Manjugosha y Arya Nagarjuna, el Padre que destruyó los extremos de ser y no ser. Chandrakirti, el mayor Vidyakokila y los demás. Sus hijos espirituales fueron los que diseminaron el pensamiento subyacente de Buda.

Me postro ante Atisha, sustentante de la instrucción suprema de la enseñanza y la práctica. Ante Je Dromtompa, patriarca de la enseñanza kadampa, ante los cuatro Yoguis, los tres Hermanos y los otros maestros kadampas.

Me postro ante el padre Tsong Khapa, renovador espiritual en la Tierra de las Nieves y ante su linaje de hijos espirituales, en particular ante Gyaltsab Je, maestro del razonamiento inferencial y ante Kedrub Je, maestro de las enseñanzas del sutra y del tantra.

Me postro ante todos los benévolos guías, cuya esencia es Vajradhara. Ellos son la personificación de las Tres Joyas que conceden los logros comunes y supremos, manifestándose como maestros espirituales bajo cualquier aspecto que pueda subyugar a los discípulos.

Me postro ante todos los maestros espirituales que movidos por su amor bondadoso nos iluminan con medios hábiles. Sus ojos permiten examinar las escrituras y abren la puerta de entrada para aquellos afortunados que viajan hacia la liberación.

Me postro ante las deidades tutelares y sus séquitos divinos,

Guhyasamaja, Heruka y Hevajra, ante el Glorioso Vajra Bhairawa y los demás; ante los incontables nobles del mandala de los cuatro tipos de tantra.

Me postro ante los mil budas plenamente iluminados cuyos actos darán fruto en un eón afortunado. Han expresado oraciones comunes y llevado a cabo virtudes indescriptibles. Cada uno de sus actos se despliega y se extiende de manera constante.

Me postro ante Sunama, Ratna, Suvarna y Asoka, ante Dharmakirti, Abhijña, Bhaisajyaguru y Shakyamuni. Las oraciones y extensos objetivos de estos ocho Sugatas serán conseguidos y consumados.

Me postro ante la Perfección de la sabiduría, madre de todos los Conquistadores, y ante el santo Dharma de los tres vehículos. Ella destruye la verdad del origen y sus semillas, acaba con la ignorancia y desenraiza el dolor de la verdad del sufrimiento.

Me postro ante los ocho hijos espirituales eminentes: Manjugosha, Vajrapani, Avalokiteshvara, Ksitigarbha, Sarvanivarana Viskambhi, Akasagarbha, Maitreya y Samantabhadra.

Me postro ante los seres aryas que obtienen la sabiduría autocreada de los realizadores solitarios meditando en los doce vínculos de relación dependiente sin necesidad de un maestro en esa vida.

Me postro ante los ancianos y sus séquitos, a quienes el Muni encomendó mantener la bandera de la enseñanza: Angaja, Ajita y Vanavasi, Kalika, Vajriputra y Bhadra, Kanaka Vatsa y Kanaka Bharadvaja, Arya Bakula y Rahula, Chuda Panthaka y Pindola Bharadvaja, Panthaka, Nagasena, Gopaka y Abheda.

Me postro ante la dakini, anfitriona en los tres reinos. Desde sus santas moradas supremas y celestiales, estos seres especiales que poseen la sabiduría superior y poderes milagrosos cuidan a los practicantes como la madre a sus hijos.

Me postro ante el séquito de protectores de Dharma que mucho tiempo atrás se comprometieron en presencia del Bhagawan a proteger como a sus hijos a quienes practican bien el Dharma.

Me postro ante las cuatro deidades Maharajika Dhrtarashtra, Virudhaka, Virupaksa y Vaisravana. Cada uno de ellos posee su propio séquito y nos protegen en las cuatro direcciones.

Me postro de todas las maneras y con reverencia suprema ante todos los merecedores de obediencia, Me inclino con tantos cuerpos como átomos existen en las tierras puras.

Me postro ante Arya Manjushri, bajo su manifestación principesca.

Por muchos que existan en las diez direcciones del universo, me inclino ante todos los hombres León que son puros en cuerpo, palabra y mente y transitan por los tres tiempos.

Por el poder de la oración de Samantabhadra compuesta para conseguir las actividades puras, me postro ante todos los Conquistadores, con tantos cuerpos como átomos existen en las tierras puras y teniendo a todos los Conquistadores en mi mente.

Percibo la esfera entera del Dharma, en todas partes repletas de Conquistadores: encima de cada átomo se sientan tantos Budas como átomos puedan existir y rodeados por un séquito de Bodhisatvas.

Alabo a todos estos Sugatas y pronuncio las virtudes de todos los Conquistadores, utilizando todos los órganos de la palabra para producir océanos de sonido y proclamar su interminable caudal de mérito.

Grandes lamas han dicho claramente que, pretender tener experiencias espirituales sin acumular mérito y purificar, es como esperar que una semilla seca produzca frutos. Sin acumular mérito y purificar no es posible obtener la Iluminación, al igual que una semilla sin humedad no puede germinar. La oración de las siete ramas contiene los puntos claves tanto para acumular mérito como para purificar. Gueshe Dolba solía decir:

Deberías acumular mérito, purificar tus obstrucciones y hacer súplicas a las deidades y maestros. Si te esfuerzas de manera vigorosa e intensa, incluso algo que pensabas que no podría conseguirse ni en cien años, con el tiempo se conseguirá. Es así porque una entidad compuesta no permanece siempre en estado inalterable.

Si pones este consejo en práctica aparecerán las experiencias espirituales. Pretender practicar el Dharma sin las siete ramas es como tener un coche sin ruedas y esperar que funcione.

Las siete ramas que presenta el tantra son ligeramente diferentes a las del sutra porque incluyen la práctica de tomar refugio y generar la bodhichita en lugar de hacer las súplicas a los lamas para girar la rueda del Dharma y para que vivan largo tiempo. Estas dos últimas ramas no se requieren en el tantra porque se consideran que las deidades son emanaciones del samboghakaya, o cuerpo de deleite de un ser iluminado, cuya característica es la de vivir y enseñar permanentemente en su tierra pura.

La oración de las siete ramas tiene versiones diferentes: corta, media y extensa. La que aparece en el *Collar* es la extensa y se ha extraído de las *Oraciones reales de las actividades nobles de Samantabhadra*. La media se encuentra en el ritual de los preceptos mahayana por un día. Y la más corta tiene solo un verso en tibetano que enumera las siete.

Postración

Postración en tibetano es *chak tsel. Chak*, "unir las manos"; *tsel* es "bajar la cabeza". Rindes homenaje y veneración porque anhelas obtener las cualidades de las Tres Joyas. La fuente escritural que explica la postración entera es el *Gandavyuha sutra,* que señala:

> Observa al joven Subhadra que rinde homenaje extendiendo todo su cuerpo en el suelo, como un árbol que cae al suelo

La postración implica el cuerpo, la palabra y la mente. Con el cuerpo uno se postra en el suelo; con la palabra se recitan oraciones de alabanza a los seres santos; con la mente se genera fe hacia el campo de mérito. Cuando recitas los versos imagina miles de réplicas de tu cuerpo que se postran ante el campo de mérito.

En la postración media tocas el suelo con cinco puntos del cuerpo: las dos rodillas, las dos palmas de la mano y la cabeza.

Antes de empezar la postración formal se unen las palmas de las manos a la altura del corazón con los dedos pulgares unidos entre las palmas, en lo que se conoce como "el gesto que sostiene una gema" o "el mudra de Chenrezig". Desde el corazón se colocan las manos en cuatro puntos: coronilla, frente, garganta y corazón. Tocar la coronilla siembra la semilla para obtener la protuberancia de un buda en un futuro. Tocar la frente siembra la semilla para obtener su *cabello del tesoro*. Tocar la garganta siembra la semilla para obtener las sesenta cualidades de su palabra. Tocar el corazón la siembra para conseguir la mente de un buda.

Si se desea se puede tocar, únicamente, la coronilla, la garganta y el corazón como símbolo para obtener el cuerpo, palabra y mente de un Buda. Las escrituras señalan que cuando las manos tocan el suelo, los cinco dedos han de estar unidos y estirados, en caso contrario se crean las causas para renacer como animal, tampoco es aconsejable quedarse un rato en el suelo. Incorporarse rápidamente desde el suelo simboliza tu deseo de liberarte del samsara lo antes posible.

En un sutra el Buda dijo que las postraciones completas crean la causa para renacer como Chakravatin tantas veces como átomos cubren el cuerpo postrado en el suelo. El gran erudito Purchok Ngwang Jampa era muy alto y solía jactarse de los méritos que había acumulado. Muchos tibetanos aún suelen peregrinar haciendo postraciones enteras desde Amdo hasta Lhasa en un viaje que suele durar entre seis y siete meses.

Uno de los beneficios de hacer postraciones es crear las causas para tener una apariencia física sana y hermosa. En la India actual, ha habido incluso casos de practicantes que han curado alguna enfermedad de hígado con la práctica de las postraciones.

Hacer postraciones es tan importante que, incluso un bodhisatva en el décimo nivel, cuya Iluminación está muy cerca, las lleva a cabo. Determínate a completar al menos, cien mil postraciones enteras y una vez terminadas, regocíjate e inspírate para volverlas a empezar. Si un buen practicante sabe que mañana ha de morirse, hoy practicará y acumulará preliminares. Es un grave error pensar que tras terminar los preliminares cien mil veces no hacen falta más. La postración es un antídoto al orgullo.

Desde la perspectiva del mahanutara yoga tantra, las postraciones pueden también dejar una semilla kármica para lograr el cuerpo ilusorio. Puedes pensar que tus cinco dedos de la mano derecha son los cinco aires (tib: *lung*) raíz de tu cuerpo sutil, y los cinco dedos de la izquierda son los cinco aires secundarios, que se manipulan en el tantra para lograr realizaciones espirituales. Juntar las manos a la altura del corazón simboliza reunir estos diez aires dentro del canal central en el chakra del corazón. Pensando de este modo siembras una semilla kármica para lograr el cuerpo ilusorio, la base que produce el *Rupakaya*, el cuerpo de la forma de tu estado búdico futuro.

También podrías asociar los cinco dedos de tu mano derecha a los cinco poderes sensoriales y los cinco de la izquierda a los cinco objetos de los sentidos, y cuando tocas tu coronilla, frente, garganta y corazón simboliza que disuelves estas diez energías en el chakra del corazón, lo cual deja una semilla kármica para lograr la luz clara, la base para obtener el *Dharmakaya* de tu estado búdico futuro.

También podrías pensar que tu mano derecha es el cuerpo ilusorio, y la mano izquierda es la luz clara, y llevar las dos manos a la altura del corazón simboliza la unión de estos dos que es la Budeidad misma.

Ofrecimientos

Ofrezco a los Conquistadores las mejores flores y guirnaldas, los mejores instrumentos musicales, ungüentos y parasoles, las mejores lámparas e incienso.

Ofrezco a los Conquistadores las mejores vestimentas y fragancias, y puñados de polvo de incienso tan grandes como el Monte Meru, todo ello dispuesto de la mejor manera.

También deseo entregar a todos los Conquistadores ofrecimientos extensos e insuperables. Por el poder de esta oración compuesta para conseguir las actividades puras me postro y la ofrezco a todos los Conquistadores.

El ofrecimiento del Mandala

Om Vajra Bhumi ah hum
La grandiosa y poderosa base de oro,
Om Vajra Rekhe ah hum
rodeada en su confín por el vallado férreo.

En el centro el Monte Meru, rey de las montañas, y a su alrededor los cuatro continentes: en el este Purvavideha, en el sur Jambudipa en el oeste Aparagonadiya y en el norte Uttarakuru. Cada uno con dos subcontinentes: Deha y Videha, Tsamara y Apatsamara, Satha y Utaramantrina, y Kurava y Kaurava. La montaña de joyas, el árbol que colma los deseos, la vaca que colma los deseos y la cosecha que brota sin cultivar. La rueda preciosa, la joya preciosa, la reina preciosa, el ministro precioso, el elefante precioso, el supremo caballo precioso, el general precioso y la gran vasija de los tesoros. La diosa de la belleza, la diosa de las guirnaldas, la diosa de la música, la diosa de la danza, la diosa de las flores, la diosa del incienso, la diosa de la luz y la diosa del perfume. El sol y la luna, la sombrilla preciosa y la bandera de la victoria en todas las direcciones. En el centro todos los tesoros humanos y divinos. Esta magnífica colección que no carece de nada, os ofrezco a ti mi bondadoso Maestro Raíz y a los maestros del Linaje. Y de manera especial a ti, gran Lama Lobsang Thubwang Dordjechang junto con tu séquito. Aceptadla con compasión hacia los seres migratorios, y tras haberla aceptado, concedednos, por favor, vuestras bendiciones

Os ofrezco esta base con flores y ungida de incienso con el Monte Meru, los cuatro continentes, el sol y la luna, percibida como una tierra pura de Buda que todos los seres puedan disfrutar de una tierra pura.

Mi cuerpo, palabra y mente y el de los demás, nuestra riqueza y virtud de los tres tiempos y una exquisita joya de mandala con ofre-

cimientos de Samantabhadra. Ofrezco a los gurus, deidades tutelares y Tres Joyas. Por compasión, por favor aceptadlos y concededme vuestras bendiciones.

Idam guru ratna mandalakam niryatayami

No aprovechar el campo de mérito para acumular mérito es como tener una tierra fértil y no usarla.

Hay dos tipos de ofrecimientos: ordinarios y sublimes. La traducción literal en tibetano de ofrecimiento ordinario es, "ofrecimiento que se puede superar"; el superior es el "ofrecimiento sublime" o "insuperable". Los ordinarios pueden ser materialmente dispuestos, es decir, cosas que poseemos, o visualizados.

Las tres primeras estrofas de los ofrecimientos del *Collar* mencionan siete tipos diferentes de ofrecimientos ordinarios: "Las mejores flores" "guirnaldas", "los mejores instrumentos musicales", "ungüentos y parasoles" "las mejores lámparas e incienso". El resultado específico de ofrecer perfume es tener un buen olor corporal. Hay personas que, de manera natural, no tienen un buen olor y es el resultado de no haber ofrecido perfume en el pasado. El resultado de ofrecer música es escuchar sonidos, palabras y música agradables, oír buenas noticias y tener una voz bonita.

El *Bodhisatvacaryavatara* (*Guía a la forma de vida del bodhisatva*) menciona doce ofrecimientos: 1) baño, 2) vestimentas, 3) adornos, 4) perfumes, 5) flores, 6) incienso, 7) comida, 8) luces, 9) palacios hermosos, 10) doseles o sombrillas, 11) música, y 12) oraciones para una lluvia de ofrecimientos continuos. Estos doce incluyen, pintar imágenes de budas, construir estupas, restaurar estatuas, etc.

La tercera oración, "también deseo entregar..." alude a los ofrecimientos sublimes, que son los ofrecimientos que manifiestan los budas y los bodhisatvas a través de sus oraciones y experiencia de la bodhichita. Aunque actualmente aún no estás capacitado para manifestarlos, sí puedes hacer cuatro tipos de ofrecimientos sublimes. Dos de ellos se mencionan en el *Sutra de las preguntas hechas por Sagaramati*:

- Mantener el santo Dharma.
- Generar la bodhichita.
- Poner en práctica lo que uno ha aprendido,
- Tal y como menciona el *Sutra de la compasión del loto blanco*
- Ofrecer las raíces de tu virtud a tu maestro.

Mandala es palabra sánscrita para *khil kor* que significa "extraer la esencia". Al hacer este ofrecimiento piensas que todo el mérito, bienes, así como tu propio cuerpo, adoptan el aspecto del mandala. Ofrecer la virtud de este modo te asegura que no sea destruida por el odio. Si en tu casa guardas oro y diamantes, un ladrón los podría robar, cosa que no es posible si los inviertes comprándote una finca. Es un serio error pensar que la meditación es una actividad mejor que hacer postraciones, ofrecimientos, mandalas, etc. El tantra enfatiza ofrecer el mandala al gurú, indistinguible de la deidad, tres veces al día. Siendo ya un anciano, Atisha solía hacer ofrecimientos del mandala y postraciones. La mayoría de los antiguos maestros kadampa desarrollaron elevadas comprensiones experienciales gracias al ofrecimiento del mandala. Tsong Khapa obtuvo la visión de la vacuidad según la escuela prasangika después de haber hecho muchos ofrecimientos de mandala.

Para construir el mandala usas una base y varias anillas. La base representa el suelo, la base dorada. Con la mano izquierda sostén, tanto la base como unos granos de arroz, etc. Según la *Liberación en nuestras manos*, coloca unos granos en la base y frota en dirección a las agujas del reloj con el antebrazo, representa la purificación de las negatividades de cuerpo, palabra y mente. Coloca más grano en la base y frota de nuevo, en dirección opuesta al reloj, que simboliza que recibes bendiciones del campo de mérito para poder tener experiencias espirituales.

El ofrecimiento del mandala en el *Collar* consta de treinta y siete puntos. Coloca un montón de grano en el centro, a la vez que recitas la primera línea del ritual, *Om vajra bhumi*. Sigue con *Om vajra Rekhe hum* que representa la montaña de hierro, el

Monte Meru, y colocas grano en la base que estará rodeada de la primera anilla. A partir de este punto hay treinta y seis elementos más. El primero se coloca en el este, delante de ti. Pones granos en las cuatro direcciones, que simboliza los cuatro continentes. Después colocas grano a cada lado de las cuatro direcciones como símbolo de los subcontinentes. Para la montaña de joyas, se coloca el grano en cada dirección, la joya en el este, el árbol en el sur, la vaca en el oeste. Se colocan ocho montones de grano en las cuatro direcciones y subdirecciones, que representan los ocho aspectos reales. Se hace lo mismo para representar las ocho diosas del ofrecimiento, cuatro en las direcciones cardinales y cuatro en las subdirecciones.

Los granos que simbolizan el sol se colocan a la derecha y para la luna a la izquierda. Después se añaden granos para la sombrilla y la bandera de la victoria, y se termina colocando el adorno superior. Todos nuestros bienes, cuerpo y engaños se ofrecen también al campo de mérito suplicando que te concedan los logros comunes y supremos.

Si no tenemos una base material y las anillas para representar el ofrecimiento del mandala, lo podemos ofrecer acompañados del gesto o mudra con los dedos de las manos.

Confesión

Como se ha dicho, para obtener comprensiones experienciales o realizaciones espirituales es preciso poner en práctica cuatro puntos importantes: 1) purificar, 2) acumular mérito y sabiduría, 3) apoyarse en el guía espiritual y las deidades, 4) estudiar contemplar y meditar. El *jorcho* lo dice con esta oración:

Confieso cualquier negatividad cometida a causa del apego, el odio o la ignorancia a través de mi cuerpo, palabra y mente.

Si, a pesar de estudiar, contemplar y meditar no hay comprensiones experienciales es por culpa de tus semillas kármicas negativas. En las escrituras se pone como ejemplo a Nanda, que tenía mucho apego y había cometido muchos actos negativos, pero, tras purificarlo obtuvo el Nirvana. Aunque Angulimala había asesinado a muchísimas personas, lo purificó y obtuvo el Nirvana. Ajatasatru había matado a su padre que era un arhat, cometiendo dos de los peores actos negativos, pero tras purificar consiguió el Nirvana. *Carta a un amigo,* de Nagarjuna dice:

> Quien fue descuidado que sea después atento y recto, como la luna libre de nubes.

El hecho de que los actos negativos que haces se puedan purificar no ha de llevarte a la conclusión errónea de no evitarlos. Hay una gran diferencia entre cometer actos negativos y no hacerlo. Quien no los crea obtiene logros o comprensiones experienciales más deprisa que aquel que las comete. Aunque todo el mundo sabe que si se rompe una pierna se puede reparar, ¡nadie se la rompe adrede!

Una revisión superficial puede hacerte pensar que no has matado, robado, ni hecho nada erróneo, pero si analizas profundamente toda tu actividad, desde la mañana hasta la noche, constatarás que realizas actos negativos con el cuerpo, la palabra y la mente. En ocasiones, dejas por el suelo un lápiz sin importarte que alguien pueda resbalar; también exageras cuando haces comentarios de los demás o no te importa no devolver el dinero cuando te dan más de lo que es correcto en el supermercado. Has de purificar diariamente todo lo que hayas hecho negativo, ya que, no purificar, aumenta el poder negativo de manera imperceptible, día a día, semana a semana. La mejor manera de purificar es usando los cuatro poderes: 1) el poder del apoyo, 2) el poder del arrepentimiento, 3) el poder de la determinación, 4) el poder del antídoto.

El poder del apoyo. Se refiere a las dos bases con respecto a las que se puede cometer cualquier acto negativo: los seres iluminados y los seres ordinarios. Si te caes al suelo, te incorporas apoyándote en él, del mismo modo, restauras lo negativo con respecto a los seres iluminados al tomar refugio en las tres joyas y restauras lo cometido contra los seres, al despertar la bodhichita.

El poder del arrepentimiento. Consiste en arrepentirse de lo negativo. Si careces del arrepentimiento, repetirás la negatividad.

El poder de la determinación. Es determinarse a no reincidir en el error. La única cualidad de los actos negativo es que pueden purificarse, en caso contrario, la Iluminación no sería posible.

La fuerza del antídoto. Puede ser de seis tipos:

1. Recitar nombres de tathaghatas
2. Recitar mantras de budas y bodhisatvas
3. Leer o recitar escrituras
4. Meditar en la vacuidad
5. Presentar ofrecimientos a las Tres Joyas
6. Comisionar la construcción de imágenes o estupas.

El mejor mantra para purificar es el de las cien sílabas de Vajrasatva. Usar los cuatro poderes te permite eliminar los cinco crímenes peores: causar un cisma, derramar la sangre de un buda, matar a un arhat, matar a la madre y al padre. Un sabio es aquel que es hábil en purificar sus actos negativos.

Regocijo

Me regocijo del mérito poseído por todos los seres: incluyendo a los Conquistadores de las diez direcciones, a los Hijos del Buda, a los Realizadores Solitarios, a los Aryas que aun se adiestran y a los que están más allá.

Regocijarse de la buena fortuna o cualidades ajenas aumenta la propia virtud y es el mejor método para acumular mérito. Lama Tsong Khapa dijo:

Para acumular mérito extenso con poco esfuerzo regocijarse por
la virtud es supremo.

En una ocasión el rey Prasenajit invitó a Buda Shakyamuni a un ágape. En las puertas de palacio, cuando Buda y su séquito se dirigían a palacio, el pordiosero Surata pensó: "Que maravilloso es que el rey invite al Buda. Me regocijo de este buen acto". Después de la comida, el Buda dedicó los méritos de la invitación a Surata, señalando que había acumulado tanto o más mérito que el rey.

Regocijarse de los buenos actos de alguien cuyos logros espirituales son menores que los tuyos, te permite recibir el doble de mérito; si su logro es idéntico al tuyo recibirás el mismo beneficio y si es superior, la mitad. En lugar de sentir envidia o deprimirte cuando la buena fortuna sonríe a tus vecinos o enemigos, regocíjate ya que la envidia es una de las peores emociones aflictivas. El regocijo contrarresta la envidia. Según Tara, la envidia es como una serpiente venenosa cuya picadura sólo te afecta a ti. Cuando un padre ve que su hijo triunfa en la vida, no siente envidia, del mismo modo, al tomar los votos del bodhisatva te comprometes a ayudar a todos los seres; y si a uno de ellos le sonríe la suerte ¿por qué sentirse infeliz y triste?

También te puedes regocijar por tu propia virtud presente y pasada al estudiar, contemplar y meditar. Regocijarse de la propia virtud dobla el poder de tus buenos actos. Puedes regocijarte de la virtud acumulada en vidas pasadas contemplando tus condiciones favorables en esta vida. El Buda dijo: "examina tu mente presente para saber lo que serás en el futuro y examina tu cuerpo presente para saber lo que hiciste en el pasado". Guntangpa decía:

> Si deseas llevar a cabo grandes virtudes mientras estás tumbado
> o reclinado, medita en la práctica del regocijo.

Regocijarse de lo negativo aumenta su poder, arrepentirse lo disminuye. Seguramente te preguntarás, ¿he de regocijarme de la riqueza de alguien si sé que la ha conseguido por medios violentos o delictivos? No es necesario pensar en cómo ha acumulado su buena posición o fama, genera felicidad por su situación y compasión por sus actos negativos. Así aparece en el *Collar*:

Pedir a los budas que hagan girar la rueda del Dharma

Suplico a todos los salvadores que hagan girar la rueda del Dharma, vosotros sois como la luz en las diez direcciones del mundo y habéis despertado al estado sin apego de la Iluminación.

Siete semanas después de obtener la Iluminación, Buda Shakyamuni empezó a enseñar el Dharma, pero sólo después de que se lo hubieran pedido los budas de las diez direcciones, Brahma, que sostenía una rueda de cien mil radios, e Indra que sostenía una concha con espirales en dirección contraria a las agujas del reloj. Es preceptivo que el discípulo pida las enseñanzas al maestro y, en el caso del tantra, se han de pedir tres veces.

Mientras recitas la estrofa coge la base del mandala y, pensando que eres Brahma, coloca nueve montones de grano como símbolo de la Rueda del Dharma y envías miles de réplicas a todas las direcciones donde haya budas y se la ofreces a cada uno de ellos. Finalmente, el campo de mérito acepta tus súplicas. El *Collar* lo dice con estas palabras

Suplicar para que los seres del campo de mérito no entren en el Nirvana.

Suplico uniendo mis manos a los que parecen querer entrar en el nirvana: permaneced, durante tantos eones como átomos existen en las tierras puras, para promover el beneficio y felicidad de todos los seres.

Algunos sutras señalan que un buda no entra en el Nirvana y que sus enseñanzas no desaparecen, sin embargo, en esos casos se refiere a su cuerpo de deleite. Un buda tiene varios cuerpos: el Cuerpo de la Forma y el Cuerpo de la Verdad. El primero se divide en dos: el Cuerpo de Deleite o Samboghakaya, y el Cuerpo de Emanación o Nirmanakaya. El Cuerpo de Deleite o Samboghakaya posee cinco certidumbres:

1. *La certidumbre del lugar.* Siempre reside en la tierra pura denominada Más Elevada y Bellamente Adornada

2. *La certidumbre de la enseñanza.* Siempre es mahayana

3. *La certidumbre del discípulo.* Siempre son aryas y bodhisatvas

4. *La certidumbre del cuerpo.* Siempre está adornado con las marcas mayores y menores

5. *La certidumbre del tiempo.* Vive mientras en samsara existan seres conscientes.

Buda Shakyamuni mostró las doce actividades[20] y es un ejemplo de una emanación suprema. Es a dicha forma o cuerpo a la que se le han de hacer estas súplicas. Antes de que Shakyamuni

---

20 Ver el libro de Ediciones Amara, *Visión de una nueva consciencia,* del Dalai Lama.

entrase en el paranirvana le dijo a Ananda que debido a que un ser iluminado ha desarrollado las cuatro autoconfianzas, los cuatro elementos de poder sobrenatural y el cuerpo del diamante, si lo desea, puede permanecer eones sin fallecer. Sin embargo, Ananda no entendió lo que le daba a entender y no hizo súplica alguna en este sentido. De ese modo, el Buda mostró la actividad de pasar al paranirvana.

Al recitar la oración de arriba sostén la base del mandala y coloca cinco montones de grano que representan dos dorjes cruzados que son como un trono vajra, símbolo de tu deseo de que el maestro permanezca largo tiempo. Imagina que acepta tu súplica. Puedes imaginar un trono vajra para cada uno de los miembros o un trono vajra que se disuelve en el trono de Lama Losang Thubwang Dorje Chang.

Dedicación

Que cualquier virtud acumulada al rendir homenaje, ofrecer, confesar, regocijarme, y hacer súplicas sea causa para llegar a la Iluminación.

El practicante de Dharma genera una buena motivación al principio de cualquier actividad, y al final la dedica para beneficio de todos los seres. Si una oración es desear que algo suceda, una dedicación requiere una sustancia: mérito. La virtud que se genera de cualquier acto es como un caballo y la dedicación las bridas. Si un buen caballo no se controla con la brida, estará fuera de control y no llegará a su destino. Hoy en día se puede comparar la virtud con un coche y el volante con la dedicación.

Hay varios apoyos necesarios para hacer una buena dedicación:

El propósito de la dedicación. Prevenir que las raíces de virtud se consuman. Un practicante theravada dedica todo su mérito para poder alcanzar el Nirvana y después de obtenerlo, su virtud cesa; dedicar mérito para conseguir la Iluminación no deja de beneficiarte hasta que todos los seres se iluminan.

La razón por la que dedicar. Se dedica 1) para obtener la Iluminación, 2) para propagar la enseñanza del Buda, 3) para ser protegidos por un lama, un maestro espiritual, 4) para que el lama tenga una larga vida, 5) para el bienestar de los seres conscientes 6) para que tú mismo seas capaz de preservar inmaculadamente la enseñanza del sutra y tantra.

Para quién dedicamos. Para beneficio de todos los seres. Si viertes una gota de agua en el océano, ésta se fundirá en él y durará mientras éste persista. Mezclar tu mérito con el de los oyentes, realizadores solitarios, bodhisatvas, budas y seres ordinarios, hace que la dedicación sea muy poderosa.

La actitud que mantener cuando se dedica. El *Abhisamayalamkara* dice: "por medio de la no aprehensión", es decir, entendiendo que quien dedica, la sustancia que se dedica y el objeto al que se dedica, conocido también como, "la pureza de los tres círculos", no existen por su propio lado. De este modo, el mérito no puede ser destruido.

La esencia de la dedicación. Es un acto mental que motivado por el deseo de prevenir que la virtud degenere, se transforma en causa para obtener la Iluminación perfecta.

El objeto que se dedica. Las raíces de toda virtud.

Dedicar de esta manera siembras semillas kármicas para obtener los cuatro cuerpos de un buda, actúa contra la visión errónea de no aceptar la ley de karma ni las vidas pasadas y futuras.

En el *Collar* se dedica dos veces, al final de la oración de las siete ramas y al final de la práctica completa. Según el Maestro de Pabongka Rimpoché, Dhakpo Rimpoché, cada una de las siete ramas siembra una semilla positiva particular. La instrucción que viene a continuación es según la transmisión oral y no está explícitamente señalada en ningún manual. La postración siembra la semilla virtuosa para obtener la *ushnisha* y reducir el orgullo. El ofrecimiento, siembra la semilla para que al llegar al séptimo y octavo niveles del bodhisatva tengas riqueza infinita que extraes del espacio. La confesión siembra la semilla que produce la cesación de las dos obstrucciones: el obstáculo de las aflicciones o engaños mentales y el obstáculo cognitivo. El regocijo produce el cuerpo perfecto de un buda que hace feliz a quien lo ve. Pedir que gire la rueda del Dharma produce obtener la voz melodiosa de Brahma. Pedir que no pase al Paranirvana produce conseguir el cuerpo vajra. La dedicación produce el conocimiento perfecto de un buda. Además, cada rama contrarresta una aflicción particular: envidia, orgullo, etc.

Sexta práctica preliminar

Oraciones de súplica para recibir bendiciones

Antes de hacer las oraciones de suplica se suele ofrecer el mandala al campo de mérito porque cuando quieres que alguien te conceda algo, en primer lugar, lo tienes que agasajar. Esta sección se divide en cuatro:

–. Súplica para conseguir los tres objetivos
–. Súplica para que se abra la puerta al sendero supremo
–. Súplica de la unión
–. Súplica para que concedan múltiples bendiciones

Súplica para conseguir los tres objetivos

Los tres objetivos no se refieren a propósitos para este corto espacio de vida, como tener una vida sin enfermedades, mucho dinero, etc, sino principalmente para conseguir la Iluminación. El *Collar* dice así:

Me refugio en los gurús y las Tres Joyas. Por favor bendecid mi continuo mental.

Bendecidnos para que cesen todos los pensamientos erróneos, desde carecer de respeto hacia nuestros maestros espirituales hasta aprehender como reales los dos tipos de entidad.

Bendecidnos para que podamos desarrollar todos los pensamientos correctos, empezando por la fe en nuestros maestros espirituales.

Bendecidnos para que podamos eliminar todos los obstáculos internos y externos.

Súplica para que se abra la puerta al sendero supremo

"Sendero Supremo" aquí hace referencia al yoga del gurú, la puerta que te permite llegar a la Iluminación. Suplicas a tus propios maestros y a los maestros del linaje del campo de mérito para obtener todo el conocimiento acerca de lo que has de abandonar y las realizaciones espirituales que has de obtener. Ling Repa solía decir:

> Muchos son los que meditan en el estado de generación, pero de todas las practicas, meditar en el Guía espiritual es la suprema.

La mejor de todas las súplicas es la que se dirige al Maestro. Las súplicas en el *Collar* empiezan con una oración dedicada a la figura central del campo de mérito, Lama Losang Thubwang Dordjechang seguida de otras para el resto de miembros:

Ahora, mi precioso y bondadoso Maestro Raíz, siéntate por favor sobre el loto y la luna en mi coronilla, cuida de mi con tu gran benevolencia, y concédeme las realizaciones de tu cuerpo, palabra y mente.

(Tu Maestro viene a tu coronilla y con él realiza la siguiente súplica):

Maestro Bhagawan, líder sin parangón, supremo salvador Ajita, Maitreya, supremo sucesor de Dharma; y a arya Asanga, anunciado por el Conquistador. A vosotros tres que sois el Buda y los dos Bodhisatvas dirijo mi súplica.

Vasubhandu, adorno de la corona de los eruditos de Dzambulin; a Arya Vimuktisena, fundador del sendero medio y a Bhadanta Vimuktisena, quien obtuvo el nivel de la fe, a vosotros tres que abrís los ojos del mundo dirijo mi súplica.

Paramasena, objeto sublime que maravillas, Vinitasena, adiestrado en el sendero profundo y Vairocana (Santarakshita), tesoro de actividades poderosas. A vosotros tres, parientes de todos los seres dirijo mi súplica.

Haribhadra, propagador del sendero supremo de la perfección de la sabiduría, Kusali el mayor, sustentante de todas las instrucciones del Conquistador y Kusali el menor, quien vela amorosamente por todos los seres. A vosotros tres, guías de los seres dirijo mi súplica.

Guru Suvarnadvipa, maestro de la bodhichita, Dipamkara, sustentante de los grandes sistemas innovadores y Tonpa Rimpoché, quien elucidó el sendero sublime. A vosotros tres, principales pilares de la enseñanza dirijo mi súplica.

Jefe de los Sakyas, maestro sin rival y líder supremo, Manjugosha, personificación de la sabiduría de todos los Conquistadores y Arya Nagarjuna supremo percibidor del significado profundo. A vosotros tres que adornáis la corona de los maestros dirijo mi súplica.

Chandrakirti, revelador de la Visión de Arya Vidyakokila el mayor, su hijo espiritual principal y Vidyakokila el menor, hijo espiritual del Conquistador. A vosotros tres, nobles del razonamiento dirijo mi súplica.

Dipamkara que mantuvo las maneras de los innovadores percibiendo con precisión el surgimiento dependiente profundo, Tompa Rimpoché que elucidó el sendero sublime. A vosotros dos, adornos de Dzambulin dirijo mi súplica.

Glorioso Gompawa, Noble del yoga, Niusurpa, firme en concentración profunda y Takmapa, sustentante de la cesta del Vinaya. A vosotros tres, lámparas que ilumináis un país distante, dirijo mi súplica.

Namka Senge que se esforzó arduamente en la práctica espiritual, Namka Gyelpo que fue bendecido por los santos; Senge Sangpo que abandonó las ocho preocupaciones mundanas y Gyelse Sangpo. Ante vosotros me postro y os dirijo mi súplica.

A Namka Gyeltsen que con su bodhichita percibe a todos los seres como sus hijos, protegido y bendecido por las deidades supremas y maestro espiritual excelente para dirigir a los seres en la era degenerada, dirijo mi súplica.

Potowa, maestro Espiritual y preservador del linaje del Conquistador, Sharawa, cuyo poder analítico no tiene rival y Chekawa, descendiente espiritual de la bodhichita. A vosotros tres que colmáis los deseos de los seres dirijo mi súplica.

Chilbupa, Bodhisattva y Maestro de la enseñanza escrita y experiencial; Lungi Wangchuk, erudito supremo y maestro de la palabra inmaculada y Drowey Gonbo, salvador precioso de los seres en los tres reinos. A vosotros tres, grandes superiores dirijo mi súplica.

Sangchenpa, poseedor de la dulce fragancia de la moralidad pura; Tsonawa, maestro de las cien mil escrituras del Vinaya, Mondrapa que alcanzó la orilla distante del océano de enseñanzas del Abhidharma. A vosotros tres, líderes de todos los seres dirijo mi súplica.

Hago súplicas a los pies del gurú glorioso Choky Sangpo, dominador del Dharma profundo y extenso, salvador para todos los seres afortunados y propagador de la enseñanza a través de sus actividades sublimes.

Tsultrim Bar, gran noble de los logros espirituales; Shonu Wo correcto servidor de sus maestros espirituales y Gyergomba, bien adiestrado en el sendero del vehículo supremo. A vosotros tres, hijos de los Conquistadores dirijo mi súplica.

Sangye Won, sustentante de un tesoro de maravillosas virtudes, Namka Gyelpo a quien bendicen los santos y Senge Sangpo que abandonó las ocho preocupaciones mundanas y a Gyelse Sangpo. A vosotros os hago postraciones y dirijo mi súplica.

A Namka Gyeltsen quien con su bodhichita percibe a todos los seres como sus hijos, protegido y bendito por las deidades supremas y maestro espiritual que guía a los seres en la era degenerada, dirijo mi súplica.

Tsong Khapa, corona de los eruditos de la Tierra de las Nieves, eres Avalokiteshvara, tesoro de compasión inconcebible, eres Manjushri, suprema sabiduría inmaculada ¡Oh Losang Dragpa! Te suplico, concede tus bendiciones

Jampel Gyatso, maestro de los logros espirituales, Kedrub Gelek Pelsang, un sol entre los que exponen y Baso Je sustentante del tesoro de la instrucción de la Transmisión Oral. A vosotros tres, gurús incomparables dirijo mi súplica.

Choky Dordge que consiguió el cuerpo de unión, Gyalwa Ensapa que consiguió los tres cuerpos y Sangye Yeshe, maestro de las enseñanzas escritas y de la experiencia. A vosotros tres, grandes y realizados eruditos dirijo mi súplica.

Losang Choky Gyaltsen, el Noble que mantuvo la bandera del Dharma de Losang, Konchok Gyeltsen, su hijo espiritual más cercano y Losang Yeshe, que clarificó el sendero sublime. A vosotros tres, supremos y venerables gurús dirijo mi súplica.

Ngawang Jampa, propagador de la enseñanza de Muni, Losang Nyendrak, su hijo espiritual más cercano y Gyatso Taye que consiguió un ilimitado océano de virtud. A vosotros tres, gurús beneficiosos, dirijo mi súplica.

Noble Losang Yeshe Tenba Rabgye, Losang Namdrol, cuya sabiduría libera a todos los seres y Losang Jinba, hábil en impartir el sistema de Dharma del Conquistador Losang. A vosotros tres, inigualables gurús, dirijo mi súplica.

A través de mis tres puertas y con gran respeto, hago súplicas al maestro raíz Kelsang Tenzin, cuya amabilidad no tiene parangón y es incomparable en mantener el discurso y la práctica, la enseñanza escrita y la experiencia del cuarto líder de esta época afortunada.

Hago súplicas a los pies de Tenzin Kedrup, que es como una órbita completa de amplio conocimiento que brilla como una instrucción. Reflexiona en las dos etapas de la práctica. Un amigo kumuda que elimina la oscuridad de los discípulos afortunados.

Hago súplicas al beneficioso tulku Losang Jampel Lhundrup, cuyo cuerpo abraza el objeto entero de refugio de los tres tiempos, cuya palabra proclama hábilmente los dichos excelentes de Losang Jampel y cuya mente manifiesta espontáneamente los tres adiestramientos y sus resultados.

Suplico al venerable y supremo gurú Pabongka Rimpoché, sustentante principal de la enseñanza del Conquistador, cuya mente rebosa las riquezas de los Aryas que prodigan el amor bondadoso. Y cuyas cuatro actividades impregnan lo que está vestido de océanos, la tierra.

Hago súplicas a los pies del amable gurú Trijang Rimpoché que abraza la sabiduría de Losang y de todos los Conquistadores. Sustentante principal de la enseñanza inmaculada del Conquistador y protector que emana y reúne múltiples océanos de mandalas.

Hago súplicas a todos los maestros espirituales que nos iluminan con medios hábiles, motivados por el amor bondadoso. Ellos son los ojos con los que examinamos las múltiples escrituras y la puerta de entrada para aquellos afortunados que viajan a la liberación.

Tras recitar la primera de estas estrofas dirigida al campo de mérito y en particular a Lama Losang Thubwang Dordjechang, imagina que una réplica suya surge de su cuerpo y se posa encima de tu coronilla. En el caso de que tu lama o maestro raíz aún esté vivo imagina dicha réplica con su aspecto ordinario, pero de la naturaleza de Lama Losang Thubwang Dordjechang; si ha fallecido, imagínalo bajo el aspecto de Lama Losang Thubwang Dordjechang. Allí, en tu coronilla, él te acompaña en las oraciones que siguen a la primera intercediendo previamente en tu favor ante el campo de mérito con estas palabras:

> Mi hijo espiritual va a meditar en el *Lam Rim,* os pido bendiciones para que pueda completar con éxito su práctica y pueda obtener las buenas cualidades y conocimiento de vuestro cuerpo, palabra y mente.

En tibetano, las estrofas constan de cuatro líneas, y la última se repite dos veces. En la versión en castellano se podría recitar dos veces la que dice "dirijo mi súplica". En la primera recitación, de Lama Losang Thubwang Dorjechang sale luz y néctar de cinco colores hacia la réplica, el maestro en tu coronilla; de este último fluye luz y néctar hacia ti y todos los que te rodean. Imagina que purifica todas las negatividades cometidas desde tiempo sin principio, así como los obstáculos que te impiden obtener las experiencias espirituales del método y la sabiduría. Tu cuerpo y el de todos los seres se vuelven transparentes y luminosos, obteniendo, larga vida, mérito y las buenas cualidades del Dharma de las escrituras y de las comprensiones experienciales. El cuerpo se vuelve cristalino.

Para los versos restantes, durante la primera recitación, imagina que de cada maestro que mencionas surge luz y néctar que entra en tu coronilla y la de todos los seres, y purifica la negatividad cometida desde tiempo sin principio, y los obstáculos que impiden el desarrollo del sendero extenso o vasto. Tu cuerpo se vuelve claro como el cristal.

En la segunda repetición surge una réplica que se disuelve en ti, aumenta tu espacio de vida, mérito y buen conocimiento en general y de manera especial, te ayuda a desarrollar las experiencias del sendero extenso.

En la recitación de los maestros del linaje profundo: en primer lugar, recibimos luz y néctar que purifica especialmente toda la negatividad y los obstáculos que nos impiden obtener experiencias del linaje profundo y del tantra. Cuando las réplicas de los tres gurús se disuelven en ti, piensa que tanto tú como todos los seres habéis obtenido las comprensiones experienciales del sendero profundo y del tantra.

Para recitar la segunda estrofa te enfocas en los maestros del linaje de las actividades vastas: Buda, Maitreya, Asanga, etc. En los versos aparece el nombre de cada maestro, así como la línea de homenaje que se repite dos veces. En la primera repetición imaginas que, de Buda, Maitreya y Asanga, sale luz y néctar que vienen hacia ti y hacia los seres que te rodean, purificando como ya se ha explicado. En particular causan desarrollar el sendero común del sutra y el tantra, especialmente las prácticas del linaje del método o de las actividades vastas. En la segunda recitación una réplica de cada uno de los maestros de este linaje se disuelve en ti.

Recitas las oraciones dedicadas a los maestros del linaje del método: Vasubhandhu, arya Vimuktisena y Bhadanta Vimuktisena, Paramasena, Vinitasena, Vairocana o Santarakshita, Haribhadra, Kusali el mayor, Kusali el menor, Suvarnadvipa, Atisha y Dromtompa. Así hasta abarcar todos los lamas que han ido transmitiendo el linaje extenso desde Shakyamuni hasta Atisha, trece maestros. Suvarnadvipa. Dvipa es isla y Suvarna, es dorado. Y alude a Serlingpa, el Gurú de Atisha.

Después, enfócate a la izquierda de Lama Losang Thubwang Dordjechang donde se encuentran los lamas del linaje profundo y recita la oración destinada a sus tres primeros maestros: Buda Shakyamuni, Manjushri y Nagarjuna. En la primera recitación, imagina luz y néctar que purifica como antes, y causa generar el sendero común del sutra y el tantra, y de manera específica la visión profunda. En la segunda recitación, una réplica de los tres se disuelve en ti y en los seres que te rodean, recibiendo sus bendiciones. Las siguientes oraciones van destinadas a Chandrakirti, Vidyakokila el mayor y Vidyakokila el menor y los demás maestros hasta Atisha y Dromtompa.

Atisha se encuentra entre los lamas del linaje del método y los del linaje profundo porque recibió los dos.

Existe otro linaje extenso o de la vastedad, denominado "de la actividad suprema" compuesto por Manjushri, Shantideva, Elata, Pawo Dordge; (Rinchen Pel), Lama Serlingpa, Atisha y Dromtompa debido a que la práctica de cambiarse con los demás para generar bodhichita viene de este linaje. Después de Atisha y Dromtompa, la mayoría de sus discípulos, Sharawa, Chekawa y otros, adoptaron especialmente el método de igualarse y cambiarse con los demás. En la tradición guelugpa se enfatizó la mezcla de ambos sistemas en once pasos.

Los lamas del linaje de la actividad suprema se imaginan detrás de Lama Losang Thubwang y, según instrucciones orales de Thayab Tobden, si uno medita en la bodhichita según la técnica de cambiarse con los demás es importante visualizarlo.

Cuando recibes luz y néctar de los maestros de los linajes tántricos, en primer lugar, purifica obstáculos, luego los maestros se disuelven en ti y obtienes las comprensiones experienciales del tantra.

Los diferentes linajes desembocan en Atisha, que los transmite a su discípulo laico, Dromtompa, a partir del cual se forma la tradición kadampa.

Kadampa significa "alguien que toma todas las instrucciones del Buda y las adopta como un consejo personal sin menospreciar ni una sola de ellas". La influencia de esta escuela fue tan importante que incluso grandes lamas del resto de tradiciones, ñygmapa, kagyupa y sakyapa, recibieron instrucciones de discípulos directos o indirectos de Atisha. Tener una buena comprensión del significado de la palabra "kadampa", ayuda a superar visiones sectarias. La religión ha de servir para beneficiar a los demás, pero quienes no tienen buena comprensión de la enseñanza, crean problemas pensando que su práctica es mejor que la de los demás.

En el campo de mérito hay tres grupos pertenecientes a la escuela kadampa de antaño: kadam lamrimpa, kadam shunbawa y kadam mengawa. Imagina que envían luz y néctar.

Los practicantes kadam shunbawa combinaban su estudio del *Lam Rim* con seis grandes textos clásicos:

1. *Compendio del Adiestramiento,* (skt: *Shiksamucaya*), de Shantideva

2. *Guía a la Forma de vida del Bodhisatva,* (skt: *Bodhisatvacaryavatara*), de Shantideva

3. *El Adorno del Sutra,* de Maitreya

4. *Las Cinco secciones de los sendero*s, de Asanga

5. *Los Cuentos de Jataka,* de Aryasura

6. *Los Versos especiales agrupados por temas,* de Buda Shakyamuni

Los practicantes kadam lamrimpa estudiaban y contemplaban textos menores de *Lam Rim*. Los kadam mengawa practicaban el *Lam Rim* y lo combinaban con la instrucción oral de los Guías espirituales.

El linaje kadam Lamrimpa es el formado por Dromtompa, rodeado de Gonpawa, Neusurpa, Takmapa, Nam Sem, Namka Guyelpo, Sengye Sangpo, Gyeltse Tokme Sangpo, y Lodrak Drupchen Namka Gyeltsen.

El linaje kadam shunbawa es el formado por Dromtompa, y a su alrededor Potowa, Sharawa, Chekawa, Chilbupa, Lungy Wangchuk, Drowey Gonpo, Sangchenpa, Sonawa, Mondrapa, Chokyab Sangpo.

El linaje kadam mengawa es el formado por Dromtompa, Chenga Tsultrim Bar, Jayulpa. Shonu Wo, Chergom; Sangyewo, Namka Gyelpo, Sengye Sangopo. Gyelse Sangpo, Lodrak Drupchen Namka Gyeltsen. En el centro está Chenga Tsultrim Bar, rodeado de siete maestros.

Aunque, en general se menciona a los "tres hermanos kadampa", Potowa, Chengawa y Puchungwa, este último no aparece aquí porque pasó su vida entera en retiro, sin propagar la enseñanza de manera publica.

Tanto los kadam lamrimpa como los mengawa terminan en Lodrak Drupchen Namka Gyeltsen, que fue quien pasó la transmisión a Lama Tsong Khapa. El linaje shunbawa, en cambio, lo recibió de Dakor Kenchen Chokyan Sangpo. A partir de Lama Tsong Khapa en el siglo quince esta tradición pasa a denominarse nueva tradición kadampa o guelugpa.

En la visualización, en el centro están los lamrimpa, a su derecha los shunbawa y a la izquierda los mengawa[21].

Los lamas de la tradición kadampa antigua son los mismos en el linaje profundo que en el extenso. Tanto el linaje extenso, como el linaje supremo y el de la profundidad desembocan en Atisha. De él surgen tres linajes kadam y luego uno de nuevo: el de Lama Tsong Khapa. Desde Lama Tsong Khapa hasta Pabongka Rimpoché hay diecisiete sostenedores del linaje y un trono vacío como símbolo auspicioso para acoger al siguiente sostenedor del linaje. Aquí termina en Jampel Lundrup, maestro de *Lam Rim* de Pabongka. El trono vacío es auspicioso para que el linaje del *Lam Rim* se mantenga y preserve. El último era el lama de Pabongka Rimpoché. Este campo de mérito fue clarificado por Pabongka, maestro de Trijang Rimpoché.

Todos los linajes desembocan en Tsong Khapa como diferentes ríos que desembocan en el océano. A partir de Tsong Khapa, no se mencionan ya los términos "lamrimpa, mengawa o shunbawa" aunque, en realidad están debidamente preservados. Por ejemplo, en las universidades monásticas actuales, un gueshe ha de estudiar los Cinco Grandes Textos que se añaden al *Lam Rim* y, en este sentido, serían como los shunbawa de antaño. Todos los puntos esenciales del sutra, a excepción del tantra, se encuentra en estos cinco textos. Los que basan su estudio y práctica en textos de *Lam Rim* como el *Sendero rápido* o el *Sendero alegre* hasta tener experiencias espirituales serían como los lamrimpa. Los mengawa serian aquellos practicantes que no pueden estudiar los Cinco Grandes Textos ni dichos textos de *Lam Rim*, pero

---

21 Ver el primer volumen de la versión de la *Liberación en nuestras manos*, de Khen Rimpoché Losang Tharchin para ubicar a cada uno de estos lamas en la visualización. La traducción es de Artemus Engle.

basan su estudio en la transmisión oral de sus maestros hasta tener logros espirituales completos.

Tsong Khapa transmitió la enseñanza a Tobden Jampel Gyatso. Como signo auspicioso recitas la lista de nombres hasta Trijang Rimpoché, Song Rimpoché y tu lama raíz. Así se ha ido transmitiendo de manera ininterrumpida en un linaje fijo, después se alargará dependiendo de los lamas que te hayan transmitido estas enseñanzas.

El manual del *Collar* se recita a lo largo de toda la vida del yogui, y no tan solo, de vez en cuando. Después de estas últimas súplicas es cuando puedes empezar a meditar en los diferentes temas del *Lam Rim*. Si tienes una gran capacidad y conocimiento del Dharma, meditarás en los diferentes temas del *Lam Rim* empezando con las prácticas del nivel inicial, siguiendo con las del nivel medio y terminando con las del nivel superior. Puedes empezar meditando de manera analítica en la sección "cómo confiarse al Guía espiritual" y continuar con el siguiente hasta terminar con la unión de la permanencia apacible y la visión superior.

Según otra instrucción, también es posible meditar de manera más específica, es decir, en la sección "cómo confiarse al Guía Espiritual", hacer meditación analítica y de emplazamiento hasta conseguir una experiencia para después seguir con el perfecto renacimiento humano, y así hasta el final.

La definición de meditación es "un método para familiarizar la mente con lo virtuoso". En general la mente ordinaria está influenciada por engaños diversos y la meditación ha de apartarla de ellos y transformarla en virtuosa.

Existen dos tipos de meditación analítica. La meditación analítica es un tipo profundo de revisión de los temas estudiados que se apoya en citas de las escrituras, razonamientos y analogías, con el fin de comprobar si lo que se ha estudiado es correcto o se contradice con las escrituras o con la lógica. Esto sería la meditación analítica auténtica. Tiene diferentes niveles, extenso, medio y menor. La extensa es la que te permite comprender que los objetos de los que habla la enseñanza no se contradicen por la percepción directa; que los objetos escondidos no son contradichos por la inferencia del hecho y que los objetos muy escondidos no se contradicen por la inferencia que surge de la validez de las escrituras. Para ello se sigue el complejo sistema de debate.

Si no eres capaz de hacer este tipo específico de debate puedes tratar de comprender si la enseñanza se contradice con las citas, la lógica, etc.

En la vida cotidiana siempre practicas una meditación analítica, pero negativa. La ira, por ejemplo, no surge de manera automática, cuando piensas en un enemigo, una y otra vez, en el daño que te ha infligido, al cabo de un rato aparece la ira, el rostro enrojece; estás teniendo una "experiencia total de la ira". Estás muy familiarizado con ella y por ello fácilmente "aparece", cosa que no es tan habitual que suceda con estados positivos como el amor, la compasión. Si logras familiarizar tu mente con el amor o la compasión en base a citas, instrucciones de tu maestro, lógica y analogías, tendrás experiencias del amor. Después de analizar y establecer que algo es correcto se medita de manera concentrada en ello. Meditar sin haber escuchado ni contemplado previamente es una meditación insegura e incorrecta y por mucho que te esfuerces, no habrá comprensiones experienciales.

Aunque una explicación detallada de la meditación analítica y de emplazamiento suele aparecer al final, en los capítulos dedicados a la permanencia apacible y la visión superior, un símil se empieza a practicar ahora en este punto. Cuando meditas analíticamente es similar a la visión superior, cuando permaneces estable sobre el objeto, es permanencia apacible.

Malinterpretar la naturaleza de la meditación pensando que sólo es "concentración" es un grave error. Para meditar en el primer encabezamiento "cómo confiarse al lama", en primer lugar, contempla los beneficios de apoyarse en uno y las desventajas de no hacerlo, usa para ello las explicaciones de tus lamas, citas y analogías. Después de llegar a una conclusión te enfocas sobre este objeto, libre de hundimiento y excitación.

Otro tipo de meditación sería lo que se denomina "meditación de reflexión", o "revisión"; una mera revisión más superficial de los temas y los encabezamientos. Es una revisión de todas las etapas del sendero sin pretender desarrollar experiencia o realización alguna. Es como mirar desde una montaña elevada y conocer los límites de la ciudad, esto es una casa, un árbol etc. Todos estos consejos los aplicas al material del texto de Lam Rim en el que deseas meditar.

Si eres incapaz de usar estos tipos de meditación, puedes implicarte en una breve meditación de reflexión recitando las estrofas denominadas *Fundamento de toda mi excelencia,* el *Lam Rim*[22] más corto de todos los que compuso Lama Tsong Khapa que se comenta a continuación. La primera estrofa dice así:

La fuente de toda mi excelencia es mi amable Lama, mi Señor; bendíceme en primer lugar para ver que entregarme a él de la forma adecuada, es la verdadera raíz del camino, y concédeme pues poder seguirle y servirle con toda mi fuerza y reverencia

La última frase de cada estrofa en tibetano también se suele recitar dos veces. En la primera recitación imagina luz y néctar de cinco colores que sale del campo de mérito, de manera especial de los lamas del linaje de la vastedad. Así purificas la negatividad cometida desde el sin principio, pero de manera especial la cometida con relación a tu Lama. Ésta desaparece en forma de humo negro a través de los poros de tu cuerpo que se vuelve transparente. Durante la segunda recitación, una réplica de los lamas del linaje de las actividades extensas se disuelve en ti, y en los seres que te rodean: aumenta el mérito, la sabiduría, el espacio de vida, se recibe el conocimiento del cuerpo, palabra y mente del lama, especialmente el buen conocimiento del abandono y las cesaciones.

En el *Lam Rim alegre* o *Fácil* (tib: *delam*), visualizar luz y néctares de cinco colores tiene un profundo significado. En las prácticas del sutra se suelen visualizar solo luces que emanan de los budas que uno visualiza, pero recibir bendiciones a través de néctar es específico a las prácticas tántricas. Siembra impresiones kármicas profundas para progresar en el sendero a la Iluminación.

---

22 Ediciones Amara ha publicado este texto bajo el título *Fundamentos del tantra*

Imagina cinco rayos, como una especie de tubitos luminosos de cinco colores y enroscándose a cada uno de ellos, el néctar del respectivo color. Un modo alternativo sería rayos luminosos en cuyo interior se encuentran los néctares.

Los colores son el blanco, el amarillo, el rojo, el verde y el azul. Hay tres tipos de néctar, néctar de la sabiduría que destruye las aflicciones, néctar de la inmortalidad y néctar medicinal. Estos néctares descienden hacia ti y todos los seres conscientes; limpian el cuerpo y la mente, lo llenan de modo que éste se vuelve luminoso como un arco iris.

El néctar de cinco colores purifica toda negatividad, aflicciones, obstáculos a la liberación, la Iluminación, enfermedades, especialmente, los obstáculos que te impiden recibir las experiencias de cada uno de los temas que elijas para meditar. Después se incrementa tu espacio de vida, y el logro de las etapas del camino, incluyendo el tema en que medites.

Los rayos de luz que descienden a ti simbolizan que recibes bendiciones para experimentar la luz clara, los néctares que descienden simbolizan que recibes bendiciones para experimentar el cuerpo ilusorio. Que desciendan juntos simboliza que recibes bendiciones para experimentar el gran gozo unificado a la sabiduría que comprende directamente la vacuidad.

Los cinco colores también representan las cinco sabidurías asociadas a los cinco tathagatas –o cinco familias de buda–. Los cinco tathaghatas representan la pureza definitiva de los cinco agregados, y las cinco sabidurías representan la pureza definitiva de sus aflicciones correspondientes. Cuando imaginas que descienden luces y néctares deberías sentirte feliz pensando que estás transformando tus cinco agregados en los cinco tathagatas, así como las cinco aflicciones en las cinco sabidurías.

El color blanco representa a Vairochana, purifica el agregado de la forma, transforma la aflicción de la ignorancia obteniéndose la sabiduría parecida a un espejo.

El color rojo representa Amitabha, purifica el agregado del discernimiento, transforma la aflicción del deseo-apego obteniéndose la sabiduría del discernimiento.

El color azul representa a Akshobya, purifica el agregado de la consciencia, transforma la aflicción del odio transformándose en la esfera de la sabiduría del Dharma, (skt: *dharmadhatu*).

El color amarillo representa a Ratnasambhava, purifica el agregado de la sensación, transforma la aflicción de la avaricia y el orgullo transformándose en la sabiduría de la ecuanimidad.

El color verde representa a Amogasidhi, purifica el agregado de los factores composicionales, transforma la aflicción de la envidia transformándose en la sabiduría que todo lo logra.

Las dos estrofas siguientes te recuerdan las prácticas propias de un ser de capacidad inicial. Has de visualizar como antes, pero en la segunda recitación imaginas las réplicas de los lamas del linaje y que has obtenido las comprensiones experienciales del nivel inicial.

Bendíceme en primer lugar para comprender que la vida excelente de ocio que he encontrado sólo esta vez es siempre tan difícil de hallar y tan valiosa; concédeme desear, siempre desear poder extraer su esencia día y noche.

Mi cuerpo y la vida en él son tan fugaces como las burbujas en la espuma de una ola. Bendíceme en primer lugar para recordar que la muerte me destruirá pronto. Y ayúdame a despertar la convicción de que después de muerto todas las cosas que he hecho, lo blanco y lo negro y el resultado de tales cosas siempre me seguirán como mi sombra. Concédeme poder estar siempre muy atento para evitar el menor error. Y en vez de ello, llevar a cabo toda la bondad posible.

Los versos siguientes te recuerdan las prácticas de un ser de capacidad media. En la segunda recitación, imagina que purificas los obstáculos que te impiden tener logros de dicho nivel espiritual; las réplicas se disuelven en ti y en todos los seres, purificando y recibiendo bendiciones.

Bendíceme para comprender todo lo que es erróneo en las cosas aparentemente buenas de esta vida. Nunca me satisfacen del todo; no son de fiar. Son la puerta de mi dolor. Por ello, concédeme el deseo de esforzarme en buscar la felicidad de ser libre.

Concédeme que estos pensamientos puros me hagan estar atento y vigile lo que debería hacer. Concédeme dar mayor importancia a que los votos de la moralidad se conviertan en la esencia de mi práctica. Ellos son la raíz de la enseñanza de Buda.

La siguiente estrofa te recuerda las prácticas de un ser de capacidad superior, la luz y el néctar purifica los obstáculos que impiden obtener la comprensión experiencial de dicho nivel. En la segunda recitación tras disolverse los lamas recibes las bendiciones para experimentar la bodhichita.

He resbalado y me he caído en el mar de esta vida de sufrimiento; bendíceme para que comprenda que todos los seres conscientes, cada uno de ellos mi propia madre, han caído también aquí. Concédeme poder practicar el elevado Deseo de obtener la Iluminación, adoptando la responsabilidad de liberarlos a todos.

La siguiente estrofa te recuerda que para practicar las perfecciones has de tener la base de la bodhichita y la ética. De nuevo, recibes néctar del campo de mérito, especialmente de los lamas del linaje profundo y de la actividad suprema. Desde la primera estrofa hasta la presente han sido prácticas generales del bodhisatva.

Bendíceme para que comprenda claramente que el Deseo en sí mismo no es suficiente ya que si no estoy bien adiestrado en los tres tipos de moralidad no puedo convertirme en un Buda. Concédeme entonces la determinación intensa de dominar los votos de los Hijos de los Victoriosos.

La estrofa siguiente muestra la unión de la concentración y la visión superior, las herramientas que cortan la ignorancia del aferramiento a la existencia esencial o intrínseca, raíz del samsara. Recibes luz y néctar de los maestros del linaje profundo, purifica todo aquello que impide tener realizaciones de sutra y tantra, tu cuerpo se vuelve transparente como un cristal y recibes las bendiciones para obtener realizaciones espirituales de la visión superior, etc.

Concédeme poder obtener rápidamente el sendero que une la quietud y la visión. Una tranquiliza mi mente de la distracción hacia objetos erróneos. La otra analiza el significado perfecto de la manera correcta.

Una vez adiestrado en el sendero común del sutra, debes entrar en el sendero del tantra por la puerta de la iniciación. Contempla los lamas del linaje divinamente inspirado, encima de Lama Losang Thubwang Dordjechang, los rayos de luz y néctar purifican toda negatividad y obstáculos y, de manera especial, lo que te impide obtener experiencias del tantra.

En la segunda recitación una réplica de todos ellos, así como de las deidades de los cuatro niveles del tantra, se funden en ti, desarrollas renuncia, bodhichita y la visión correcta lo cual causa que entres en el tantra superior rápidamente.

Bendíceme para que pueda practicar bien el sendero común y me convierta en un recipiente apropiado, para que entre con perfecta facilidad en el Camino del Diamante, el más elevado de todos los senderos, la puerta más santa por la que entran los afortunados y los bondadosos.

En la siguiente estrofa purificas todos los votos y compromisos rotos, así como aquello que impide tener logros del estado de generación y consumación del tantra superior. Las réplicas te prodigan de bendiciones para poder mantener los votos y los compromisos y eliminan los obstáculos que impiden obtener las experiencias o realizaciones tántricas.

Bendíceme para comprender con certeza total que, una vez haya entrado así, habré de mantener con pureza mis compromisos y votos pues son la causa para obtener los dos tipos de realización. Concédeme poder mantenerlos siempre, aunque me cueste la vida.

En la siguiente oración luz y néctar purifica todos los obstáculos que te impiden implicarte en actividades espirituales. Los dakas y las dakinis envían réplicas y Mahakala de seis brazos dice: "Hijo mío, purificaré todos los obstáculos que te impiden practicar y te proporcionaré toda condición favorable para tu práctica espiritual". Réplicas de los dakas y las dakinis y los protectores se disuelve en ti y en todos los seres.

Bendíceme para comprender con precisión los puntos cruciales de las dos etapas, la esencia de los senderos secretos. Concédeme poder practicar según el Ser Santo aconsejó. Esforzándome, sin nunca dejar de lado la más elevada práctica de Los Cuatro Tiempos.

Terminas la oración con las dos últimas estrofas, luces y néctares y recepción de bendiciones:

Bendíceme y concédeme que tanto el Guía Espiritual que me muestra el buen sendero como mis verdaderos amigos en esta empresa, vivan largo tiempo y tengan vidas fructíferas. Bendíceme para que la lluvia de obstáculos, dentro o fuera de mi, capaz de pararme ahora cese y acabe para siempre.

Que a lo largo de mis vidas nunca me separe de mis Lamas perfectos. Que disfrute de la gloria del Dharma y genere de manera correcta y rápida las cualidades de cada nivel y sendero para alcanzar con perfección el lugar en el que me convierta en Guardián del Diamante.

Llegados a este punto, debes disolver el campo de mérito. Para ello te enfocas en la *hum* azul del corazón de Lama Losang Thubwang Dordjechang, de ella salen rayos de luz hacia todas las direcciones. Los cuatro reyes, debajo del campo de mérito se disuelven en los protectores, éstos en los dakas y así sucesivamente, de abajo a arriba hasta disolverse en las cuatro deidades tántricas principales que rodean a Lama Losang Thubwang Dorje Chang: Guhyasamaja, Yamantaka, Chakrasamvara y Hevajra.

Lama Losang Thubwang Dorje Chang se encuentra ahora en el centro, a su derecha, Maitreya; a su izquierda Manjushri, detrás los maestros del linaje supremo y en su parte superior, los maestros tántricos. Delante de Lama Losang, está tu maestro raíz rodeado de tus maestros directos.

Los maestros del linaje vasto se disuelven en Maitreya, los del linaje profundo en Manjushri, los del linaje supremo también en Manjushri.

Según Kachen Yeshe Gyaltsen, si uno es un yogui guelugpa, visualiza detrás de Lama Losang Thubwang Dordjechang, el linaje de las dieciséis gotas de maestros kadampas. Todos se disuelven en Atisha que es el primero. Si visualizamos la asamblea de las dieciséis gotas no será necesario visualizar el linaje profundo porque, en realidad éste se encuentra también en el linaje extenso. Los cinco grupos del linaje tántrico se disuelven en Buda Vajradhara en la parte superior.

Finalmente, todos los maestros de los que uno ha recibido enseñanzas se disuelven en el maestro raíz en el centro. Así pues, tenemos seis tipos de Maestro: Lama Losang en el centro, a su derecha Maitreya, a su izquierda Manjushri, delante de él, tu amable lama raíz, detrás de Lama Losang se encuentra, Atisha o Manjushri y en la parte superior Vajradhara.

Hay cinco tipos de lamas, Budas, Dharma y Sangha. Buda Maitreya rodeado de los gurús del linaje de las actividades extensas, Manjushri rodeado de los gurús del linaje profundo. Los del linaje tántrico con Vajradhara. Los maestros propios y Lama Losang Thubwang Dordjechang. Los cinco tipos de Buda son las deidades de los cuatro tipos de tantras y los mil budas de este eón afortunado.

Los cinco tipos de Dharma son: el Dharma de las cuatro clases de tantra y el Dharma del sutra. Todo viene simbolizado por textos cuya naturaleza es el abandono de los obstáculos y la obtención de logros espirituales.

Los cinco tipos de Sangha son: bodhisatvas, oyentes, realizadores solitarios, dakas y dakinis y protectores.

Te concentras en todos ellos e imaginas una corriente de luz y néctar que desciende hacia ti y todos los seres, purifica toda negatividad y obstáculo, tu cuerpo se vuelve transparente, aumenta tu espacio de vida, el mérito y causa obtener las buenas cualidades del conocimiento de las escrituras y logros, especialmente recibes las bendiciones de cuerpo, palabra y mente de los seres sagrados.

Finalmente, Manjushri y Maitreya se disuelven en Lama Losang Thubwang Dorje Chang. Buda Vajradhara se disuelve en Buda Vajradhara que se halla en el corazón de Buda Shakyamuni, en el corazón de Lama Losang. Tu amable maestro raíz se disuelve en el corazón de Vajradhara. Los asientos y lotos se disuelven en el trono de Lama Losang Thubwang que ahora permanece delante de ti. Te envía luz y néctar y está tan satisfecho contigo que desea disolverse en ti, cosa que tú también deseas. Lama Losang Thubwang Dordjechang se acerca al maestro en tu coronilla y se disuelve en él, con el aspecto ordinario, de Lama Losang o de Buda Shakyamuni. Si deseas meditar en el amor, la compasión o en la bodhichita, tu maestro adopta la forma de Chenrezig; si la meditación trata de la vacuidad, será Manjushri o la Madre de la sabiduría, *Prajñaparamita*. El *Collar* reza así:

Ahora, mi precioso y bondadoso Maestro Raíz, siéntate por favor sobre el loto y la luna en mi coronilla, cuida de mi con tu gran benevolencia, y concédeme las realizaciones de tu cuerpo, palabra y mente.

Rindo homenaje al principal de los shakyas, cuyo cuerpo es el producto de diez millones de virtudes excelentes, cuya palabra colma las esperanzas de los seres ilimitados y cuya mente ve todas las cosas tal como son.

Rindo homenaje al objeto de refugio que todo lo abraza, precioso Buda, Maestro incomparable. Precioso Dharma, refugio incomparable. Preciosa Sangha, Guía Espiritual incomparable.

Hago ofrendas materialmente dispuestas y mentalmente creadas.

Confieso todas las acciones negativas creadas desde el sin principio de los tiempos.

Me regocijo de todas las virtudes de los seres superiores y ordinarios.

Por favor, permaneced con nosotros hasta el vacío del samsara.

Girad la rueda del Dharma para los seres migratorios.

Dedico mis propias virtudes y las de los demás para el logro de la Iluminación

Ofrezco a los gurús, deidades tutelares y Tres Joyas esta base con flores y ungida de incienso con el Monte Meru, los cuatro continentes, el sol, la luna y las siete gemas de la realeza, junto con una gran variedad de ofrecimientos totalmente puros. Por favor aceptadlos y concededme vuestras bendiciones.

La súplica de la unión

Esta súplica es conocida también como "emplazar la estaca en el suelo" porque si golpeas una y otra vez una estaca, penetra profundamente en el suelo. Del mismo modo, si te concentras con fe en el maestro en tu coronilla las bendiciones que recibes aumentarán. Visualiza a tu maestro en el aspecto de Buda Shakyamuni ya que la oración está relacionada con sus cualidades de cuerpo, palabra y mente.

Te suplico a ti, Munendra Vajradhara, gurú deidad extraordinario, esencia de los cuatro cuerpos.

Te suplico a ti, Munendra Vajradhara gurú deidad, esencia del cuerpo del Dharma, libre de obstrucciones.

Te suplico a ti, Munendra Vajradhara, gurú deidad, esencia del cuerpo de deleite supremamente gozoso.

Te suplico a ti, Munendra Vajradhara, gurú deidad, esencia de los diversos cuerpos de emanación.

Te suplico a ti, Munendra Vajradhara, gurú deidad extraordinario que personificas a todos los gurús.

Te suplico a ti, Munendra Vajradhara, gurú deidad extraordinario que personificas a todas las deidades tutelares.

Te suplico a ti, Munendra Vajradhara, gurú deidad extraordinario que personificas a todos los budas.

Te suplico a ti, Munendra Vajradhara, gurú deidad extraordinario que personificas a todo el Dharma.

Te suplico a ti, Munendra Vajradhara, gurú deidad extraordinario que personificas a toda la sangha.

Te suplico a ti, Munendra Vajradhara, gurú deidad extraordinario que personificas a todos los dakas y dakinis.

Te suplico a ti, Munendra Vajradhara, gurú deidad extraordinario que personificas a todos los protectores de Dharma.

Te suplico a ti, Munendra Vajradhara, gurú deidad extraordinario que personificas a todo el objeto de refugio.

En esta súplica, en realidad, es como si le estuvieras pidiendo a Buda Shakyamuni lo siguiente:

Protégeme a mí y a todos los seres que me rodean de caer en el extremo de la paz del Nirvana y el del samsara.

Por favor concédeme todos los logros. Eres la esencia de todos los dakas y dakinis, por favor ayúdame en todo momento. Puesto que eres el protector protégeme de obstáculos.

Eres el maestro raíz que manifiesta cien tipos diferentes de budas, cinco familias o tres, y la esencia de todos eres tú, mi maestro raíz.

Súplica para que concedan múltiples bendiciones
El *Collar* reza así:

Enfocándote en Gurú Munendra, sentado en tu coronilla, recita lo siguiente:

Rindo homenaje a mi maestro, indistinguible con el Conquistador Shakyamuni. Te hago ofrecimientos y me refugio en ti.

Recita el siguiente mantra tantas veces como puedas:

Om muni muni mahamuniye soha

Con Shakyamuni en la coronilla recita su mantra mientras imaginas que desde su cuerpo luz y néctar de cinco colores desciende hacia ti y todos los seres que te rodean, purifican negatividad, enfermedades y obstáculos cometidos por negatividades desde tiempo sin principio, especialmente en relación a los maestros. Todo se purifica igual que desaparece la oscuridad al encender la luz. Tu cuerpo se vuelve transparente, aumenta el espacio de vida, el buen conocimiento del abandono y de las realizaciones espirituales. La última suplica es para recibir bendiciones. Imagina que tu lama en la coronilla es la esencia de todos los gurús, budas, dakas, bajo el aspecto de Buda Shakyamuni.

Tu lama en tu coronilla tiene el aspecto de Buda Shakyamuni, en su corazón Vajradhara, y en el de este último la silaba *hum* rodeado por su mantra (*om muni muni mahamuniye, soha*) del que irradia luz que ilumina tu cuerpo, elimina negatividades, purifica todo obstáculo que te impide despertar comprensiones experienciales. Siempre has de imaginar que cualquier deidad que practiques es de la misma naturaleza que tu lama ya que así recibes bendiciones y logros espirituales rápidamente. Esta es la práctica general.

Si deseas meditar específicamente en el amor, la compasión o la bodhichita imagina, como antes, que los cinco lamas se disuelven como Lobsang Thubwang Dordjechang en Buda Shakyamuni en la coronilla, pero en lugar de él, imaginas que se manifiesta como Chenrezig. Y cuando recitas la súplica anterior, de la estaca, al decir "hago suplicas a ti Munendra Vajradhara, deidad extraordinaria y esencia de cuatro cuerpos" has de cambiar Munendra por Chenrezig y en lugar de recitar el mantra de Shakyamuni recita el de Chenrezig.

En el caso de meditar en la vacuidad la deidad será Manjushri y, en su corazón, imaginaremos *dhi* con el mantra de color anaranjado cuando pidamos bendiciones con el mantra. Recibir néctar se hace del mismo modo, pero aquí elimina obstáculos que impiden experimentar la vacuidad rápidamente. Al final dedicas los méritos acumulados, tal y como viene en el *Collar*.

Para obtener comprensiones experienciales y logros espirituales rápidamente medita según el orden de los encabezamientos ya que, si prescindes de ellos y los mezclas, no habrá logro alguno. Sería como tener diferentes recipientes para guardar especies culinarias, siempre podrás añadir más o saber dónde se encuentra para usarlo. Pero, si por falta de recipientes mezclas todas las sustancias, el brebaje resultará desagradable. Según el texto de *Lam Rim* aparecen más o menos encabezamientos. Al principio, no es bueno que haya muchos encabezamientos; por ejemplo, a finales de los ochenta enseñé durante un par de años lo que, después sería publicado con el título *Senda de Luz*, y no tiene excesivos encabezamientos. Tener una comprensión clara de dichos encabezamientos hace posible que, si en un futuro recibes más enseñanzas de otros lamas sabrás dónde encajarlas.

El *Collar* termina con la dedicación final:

(Seguidamente recita el siguiente verso de oración con el fuerte deseo de dedicar la virtud derivada de haber hecho estas prácticas):

Que por esta virtud pueda yo conseguir rápidamente el estado de Gurú Buda y luego conducir a todos los seres sin excepción a este estado.

Sea cual sea la cantidad de las dos vastas acumulaciones reunidas a través de mi esfuerzo, lo dirijo hacia este objetivo para poder convertirme en el Noble de los Conquistadores y líder de los seres, ciegos a causa de su ignorancia.

Hasta que alcance mi meta que sea cuidado en todas mis vidas futuras por el amor bondadoso de Manjugosha. Y que después de hallar el supremo sendero, completo en todas las etapas de la enseñanza, pueda satisfacer a los Conquistadores a través de mi práctica.

Que por mi comprensión correcta de los puntos principales del sendero y los medios hábiles producto de un intenso amor bondadoso, pueda eliminar la oscuridad en las mentes de los seres y asegurar la continuidad de la enseñanza del Conquistador.

Que mi mente sea movida por la gran compasión para transmitir el tesoro del bienestar y la felicidad en cualquier lugar en el que la preciosa y suprema enseñanza no haya llegado o, que tras llegar se haya perdido.

Que estas Etapas del Camino a la Iluminación, producto de las actividades del Conquistador y sus hijos, concedan esplendor en la mente de los que desean la liberación y ansían preservar las actividades del Conquistador.

Que todos los humanos y no humanos que se esfuerzan por conseguir las condiciones que favorecen el Dharma y eliminar las que obstruyen el sendero sublime, nunca se separen en sus vidas futuras del sendero puro que aconsejan los Conquistadores

Que quienes se esfuerzan con tesón en el vehículo supremo y practican las diez actividades de Dharma, sean siempre asistidos por los Poderosos y un océano de buena fortuna guíe todas sus direcciones.

Finalmente, las últimas palabras del *Collar* son las siguientes:

Yo, Jampel Lhundrup, que se siente discípulo del Líder Buda Shakyamuni durante la era final de su enseñanza, he compuesto este texto para la recitación tras la insistencia de Kalden Rabgye, el maestro cantante de Bamcho. Este ardiente devoto de intelecto discernidor expresó la necesidad de un ritual que facilitara el llevar a cabo las prácticas preliminares, antes de meditar en las instrucciones contenidas en el Sendero Rápido a la omnisciencia: una instrucción explícita sobre las Etapas del Sendero a la Iluminación. Por ello, he escrito dicho texto para mi propio uso regular y también con la esperanza de beneficiar a aquellos de una naturaleza similar. Sus fuentes son la tradición oral y las instrucciones del glorioso y noble Kyabje Kelsang Tenzin y su hijo espiritual, Tenzin Kedrup. Estos hijos incomprables del Conquistador son lámparas de la enseñanza Kadampa. Que este trabajo se convierta en una bandera de la victoria que enarbole el precioso linaje de la transmisión oral de Jamgon (Lama Tsong Khapa, Losang Drakpa). ¡Que le felicidad llegue a todas partes!

Collar para los afortunados (tib: *Jorcho*) fue compuesto por Jampel Lhudrup, maestro de Pabongka Rimpoché quien, a su vez, era el lama de Trijang Rimpoché y Song Rimpoché de quienes yo, el monje budista Tamding Gyatso tuve la inmensa fortuna de recibir estas instrucciones.

De este modo, termino este comentario y transmisión oral o *lung* del *Jorcho*. Pido a mis estudiantes que reciten y mediten en el Lam Rim una y otra vez, que se impliquen en retiros de varias semanas o incluso más, usando esta preciosa práctica que acabo de transmitir, o al menos la de Ganden Lagyema que ya expliqué hace algunos años.

Apéndice:
Visualización extensa

Delante de ti en el espacio imagina un trono muy grande, a la altura del entrecejo que no esté ni muy elevado, lo cual provocaría excitación; ni muy bajo, que causaría pesadez. Está sostenido por ocho leones de nieve en sus cuatro esquinas. Encima de él se encuentran cinco tronos más pequeños: uno en el centro y el resto en las cuatro direcciones cardinales. En el trono del centro imagina un hermoso loto, un disco solar y un disco lunar que actúan como cojines. En ellos se sienta tu Maestro Raíz bajo el aspecto de Buda Shakyamuni. Su cuerpo es dorado y le rodea un aura de luz. Viste las tres vestimentas de un monje totalmente ordenado. Tiene las treinta y dos marcas menores y las ochenta mayores. Su mano derecha toca el suelo y simboliza la conquista del demonio Devaputra, el kapala repleto del néctar de la medicina, inmortalidad y sabiduría simboliza la conquista del resto de demonios: agregados, muerte y aflicciones mentales.

En el trono de su derecha se sienta Maitreya, rodeado de todos los lamas del linaje de las actividades vastas o del método: Asanga, Vasubhandu, incluyendo también a Atisha, Dromtompa, los tres linajes kadam, así como a Je Tsong Khapa y el resto de lamas que llegan hasta nuestros días.

En el trono de su izquierda, se encuentra Manjushri rodeado de todos los maestros del linaje de la visión profunda o sabiduría: Nagarjuna, Chandrakirti, Atisha, Dromtompa, los linajes kadam y Je Tsong Khapa con los maestros hasta nuestros días.

En el trono que se halla detrás de Buda Shakyamuni, se sienta Vajradhara, rodeado de los maestros del linaje de la práctica divinamente inspirada o tantra.

Por último, en el trono delante de Buda Shakyamuni imagina a tu lama raíz en su aspecto cotidiano ordinario y sin defecto físico alguno, rodeado de todos aquellos que te han enseñado directamente el Dharma. Incluso aquel que te haya enseñado el alfabeto se debe incorporar en este grupo. Visualizas al maestro raíz con su mano derecha en el gesto de dar Dharma y la mano izquierda en el ombligo con un cuenco de néctar repleto de néctar de la inmortalidad. Estos cinco grupos se conocen como "Los cinco tipos de gurú" (Tib: *Lama den ga*).

Maestro raíz es todo aquel del que hayas recibido alguna de las tres amabilidades o todas ellas, y que según el sutra son: dar preceptos, transmisiones e instrucciones o enseñanzas. Según el tantra las tres amabilidades son: dar iniciación, transmisión y enseñanzas o instrucciones.

Históricamente los tres linajes kadampa desembocaron en la figura de Tsong Khapa, al igual que el agua de los pequeños ríos desembocan en el océano. La práctica principal del linaje de la vastedad es la bodhichita; la práctica principal del linaje de la visión profunda es la sabiduría que realiza la vacuidad. Según una instrucción oral, detrás de Shakyamuni se puede visualizar a Manjushri de nuevo, como representación del linaje que llega de Manjushri a Shantideva, el linaje profundo, con siete gurús.

En círculos concéntricos alrededor del trono imagina, en primer lugar, a las cuatro deidades principales del Tantra: Guhyasamaja, Hevajra, Yamantaka y Chakrasamvara. Un poquito más abajo, en el tercer círculo y en su centro, se encuentra Kalachakra así como las deidades del tantra superior. En el cuarto nivel, las deidades del yoga tantra. En el quinto, las del tantra de ejecución. En el sexto las del kriya tantra. Seguidamente, los mil budas del eón afortunado, los siete budas de la medicina, los treinta y cinco budas de la confesión, los ocho hijos eminentes del Buda. En el octavo nivel, los realizadores solitarios y los dieciséis aryas. En el noveno nivel los oyentes. En el décimo los dakas y dakinis. En el circulo décimo primero, los protectores del Dharma: Mahakala, Kalarupa y Beshamana. La práctica principal de los seres de capacidad inicial es seguir la ley del karma, lo cual protege de caer en los tres reinos inferiores. Su protector principal es Kalarupa que distingue con precisión el karma positivo y negativo. La práctica principal del ser de capacidad media es generar la renuncia y, basándose en la práctica de los adiestramientos de la ética, concentración y sabiduría, liberarse del samsara. Beshamana es el protector de la ética que es la base de los otros dos adiestramientos. El énfasis en el nivel superior es despertar la compasión, generar bodhichita y practicar las seis perfecciones y Mahakala es la representación del buda de la compasión, Chenrezig. Por último, en el espacio debajo de la última hilera se encuentran los cuatro guardianes de las cuatro direcciones.

Delante de cada uno de los miembros de la asamblea imagina una mesilla con textos de Dharma cuya naturaleza son las cesaciones y los senderos verdaderos. Todo el Dharma se puede dividir en sutra y tantra o también en Dharma del oyente, del realizador solitario, del bodhisatva, los dos tantras inferiores y los dos superiores.

Imagina esta asamblea de acuerdo con tu capacidad. Según *Un Collar*, visualiza a su derecha los textos ya su izquierda estupas. Los seres especiales de la asamblea representan el cuerpo, los textos la palabra y la estupa, la mente de los seres iluminados.

Como una madre que ve que, por una vez su hijo la escucha, la asamblea está satisfecha contigo porque al imaginarlos te dan la fuerza necesaria para poner en práctica sus consejos practicando el *Lam Rim*.